एंकर रिपोर्टर

पुण्य प्रसून वाजपेयी

सहलेखक

प्रभात रंजन

राजकमल प्रकाशन

ISBN : 978-81-267-1235-9

मूल्य : ₹395

पहला संस्करण : 2006
पहली आवृत्ति : 2022

प्रकाशक : राजकमल प्रकाशन प्रा. लि.
1-बी, नेताजी सुभाष मार्ग, दरियागंज
नई दिल्ली-110 002

शाखाएँ : अशोक राजपथ, साइंस कॉलेज के सामने, पटना-800 006
पहली मंजिल, दरबारी बिल्डिंग, महात्मा गांधी मार्ग, प्रयागराज-211 001
36 ए, शेक्सपियर सरणी, कोलकाता-700 017

वेबसाइट : www.rajkamalprakashan.com
ई-मेल : info@rajkamalprakashan.com

मुद्रक : बी.के. ऑफ़सेट
नवीन शाहदरा, दिल्ली-110 032

ANCHOR-REPORTER
by Punya Prasoon Vajpayi

भूमिका

कैमरा...विडियो कैमरा—यह एक ऐसा शब्द है जो ज़ेहन में आते ही तस्वीरें उभार देता है। चलती...बोलती तस्वीरें। यह एक ऐसी तकनीकी 'क्रांति' का प्रतीक है जो बिना खून बहाए सत्ता पर काबिज़ होती है, समूचे समाज की सोच बदल देती है, मानसिकता झकझोर कर रख देती है। समाज में एक व्यक्ति का दूसरे व्यक्ति के साथ न सिर्फ संवाद का तरीका बदल जाता है, बल्कि जब भी किसी शख़्स के बारे में कोई सोचता है या फिर किसी घटना या किसी स्थान को लेकर दिमाग हरकत में आता है तो सबसे पहले घटना/स्थान/व्यक्ति की तस्वीर उभरती है। मसलन फिल्म 'बैटिल फॉर बर्लिन' देखते वक़्त सिनेमा स्क्रीन पर आँकड़े उभरते हैं। साढ़े चार लाख लोग मारे गए, 10 लाख से ज्यादा घायल। उसके बाद अलग-अलग देशों के मारे गए लोगों के आँकड़े और सिनेमा हॉल के अँधेरे में इन्हीं आँकड़ों में आवाज गूँजती है...ओह...उफ या इतनी तादाद। लेकिन 9/11 का जिक्र होते ही मरने वालों की संख्या किसी के ज़ेहन में नहीं गूँजती। हर एक की आँखों के आगे 9/11 का दिन एक तस्वीर के तौर पर उभरता है। एक ऐसी तस्वीर जिसने बच्चों ही नहीं बड़े-बुजुर्गों के शरीर में सिहरन पैदा कर दी थी; एक ऐसा खौफ जगा दिया था जो भुलाये नहीं भूलता। वर्ल्ड ट्रेड सेंटर की सवा सौ मंजिली इमारत में यात्रियों से भरे हवाई जहाज का सुसाइड अटैक। यह एक ऐसी तस्वीर है जो आतंकवाद के वीभत्स रूप का जिक्र होते ही किसी के भी ज़ेहन में उभरेगी ही। तस्वीरों का यह नायाब संसार अचानक तेजी से हमारे समाज के सामने आया है, ऐसे में हर चीज को देखने-परखने, समझने-समझाने में यही तस्वीर हावी हो गई है। शहरी बहुसंख्यक तबके के हर व्यक्ति की जेब में मोबाइल के जरिए कैमरा मौजूद है। शब्दों से कहीं ज्यादा प्रभावी तरीके से तस्वीर भेजकर संवाद की अनोखी भाषा भी इसी दौर में विकसित हुई है।

ऐसे में टी.वी. की महत्ता कितनी होगी, यह एक वाजिब-सा सवाल है। सवाल इसलिए क्योंकि हर जेब में कैमरा है और उस कैमरे से चलती-बोलती तस्वीरों को समझने-देखने वाला अलग-अलग दिमाग। ऐसे में टी.वी. में दिखाई जाने वाली चलती-बोलती तस्वीर क्या मायने रखेगी। याद कीजिए किसी भी घटना को, चाहे ब्लास्ट हो, ट्रेन हादसा, भूकम्प, सुनामी, कुछ भी, हर टी.वी. न्यूज़ चैनल वाला खबरों के बीच अपने दर्शकों से यह गुहार जरूर लगाता है कि संयोग से अगर किसी ने कैमरे या मोबाइल फोन से हादसे की कोई तस्वीर उतारी है तो वह चैनल को जरूर भेजे। यानी टी.वी. न्यूज़ चैनल के पास कोई नायाब कैमरा/तस्वीर नहीं होती, वही सब होता है जिसे कोई सामान्य व्यक्ति भी गाहे-बगाहे ले सकता है। फिर टी.वी. का महत्त्व? टी.वी. ने दरअसल समाज की इसी सोच को मूर्त रूप दिया है जहाँ संवाद ही नहीं बल्कि किसी भी घटना को बताने के लिए तस्वीर ही पूरी कहानी दिखा देती है। लेकिन टी.वी. न्यूज़ चैनल के पास कुछ ऐसी चीज़ें भी हैं जो तकनीक का सहारा लेती हैं...लेकिन तकनीक नहीं होती। दरअसल मूक तस्वीरें या किसी घटनास्थल पर चिल्ल-पों मचाती आवाजों के बीच चलती-फिरती-बोलती तस्वीरें समूची कहानी नहीं कहतीं। इन तस्वीरों को शब्द चाहिए। ठीक उसी तरह जैसे कोई 'हीरा' तब तक बेनूर है जब तक उसे सोने के हार में न जड़ा जाए। हाँ कुछ 'तस्वीरें' अपनी कहानी जरूर कहती हैं, यह तस्वीरें 'कोहिनूर' होती हैं—जैसे 9/11 की तस्वीर। मगर इस 'कोहिनूर' को भी चमक बरकरार रखने के लिए शब्द चाहिए। हकीकत यही है कि टी.वी. न्यूज़ चैनल में हर तस्वीर को शब्दों के जरिये पिरोने का काम एक पूरी टीम करती है। लेकिन इस टीम में दो शख्स हमेशा होते हैं जिनकी पहचान इतनी ठोस बनती जाती है कि अक्सर किसी खास घटना या खबर को लेकर दर्शक उसी शख़्स को खोजते हैं और रिमोट पर उनकी उँगलियाँ तब तक थिरकती रहती हैं, जब तक वह शख़्स चैनल के पर्दे पर उस खास घटना के बारे में बताता हुआ नहीं मिल जाता। जी, हम बात कर रहे हैं किसी घटनास्थल पर मौजूद उस रिपोर्टर की जो कैमरे में कैद न हो सकी उन परिस्थितियों को बताता है, सरकारी मशीनरी से लेकर आम आदमी की उस पहल और हरकत को बताता है जो कैमरा नहीं दिखा पाता। उसी वक़्त न्यूज़ चैनल के स्टूडियो में मौजूद एंकर किसी भी घटना की तस्वीर और रिपोर्टर के बयान को एक ऐसे खाके में ढालता जाता है कि किसी भी

घटना में एक तरह की पारदर्शिता आ जाती है। अर्थात दर्शक घटना के आर-पार देखने की स्थिति में आ जाता है। मगर एंकर/रिपोर्टर टी. वी. न्यूज़ चैनल के ऐसे लैंस होते हैं जो किसी भी दर्शक की जेब में रखे कैमरे में न जड़े होते हैं, न बाजार में तकनीक के सहारे खोजे जा सकते हैं। सही मायने में सातों दिन/चौबीसों घंटे के न्यूज़ चैनल के युग में एंकर/रिपोर्टर ही मानवीय संवेदना को तकनीक पर टिके न्यूज़ चैनल में जिंदा रखते हैं और दर्शकों को जोड़े रखते हैं। एंकर/रिपोर्टर की सफलता तभी है जब किसी हादसे या घटना का भुक्तभोगी या चश्मदीद भी हादसे/घटना की हकीकत जानने-समझने के लिए न्यूज़ चैनल को स्विच करे और अपने चहेते, भरोसेमंद एंकर/रिपोर्टर की जुबाँ से सच को जानना चाहे। दरअसल इस किताब के हर पन्ने पर उकेरे गए शब्द एंकर/रिपोर्टर को लेकर उस समझ को सामने लाने का प्रयास है जिसे लेकर आम दर्शक ग्लैमर में समा जाते हैं, तो नई पीढ़ी इसी ग्लैमर में खुद को टटोलना चाहती है। यह किताब एक प्रयास है, एंकर/रिपोर्टर का काम करते हुए, एंकर/रिपोर्टर की उस हकीकत को बताने का जिसे कैमरा कभी नहीं दिखाता।

आखिर में बात प्रभात रंजन की जो मुझे शुरू से याद है। प्रभात रंजन की भूमिका शब्दों को कागज पर उकेर एक शक्ल देने की है जो आपके सामने है। प्रभात रंजन की पहचान पत्रकार/पत्रकारिता के अध्यापक की है। लेकिन इस किताब को पढ़ते वक़्त आप महसूस करेंगे कि प्रभात के शब्द आपके साथ खड़े हैं। ऐसे शब्द जो हौवा नहीं बल्कि आपके दोस्त हैं। एक लाइन महेश दत्त के लिए भी जो चक्रव्यूह न रचते तो यह अभिमन्यु भी न होता!

–पुण्य प्रसून वाजपेयी

अनुक्रम

एंकर रिपोर्टर

'मास्टहेड' एक ऐसा शब्द है जिसके जुबान पर आते ही ज़ेहन में किसी अखबार की तस्वीर उभर जाती है। न सिर्फ तस्वीर बल्कि अखबार का मिज़ाज भी। यानी खबरों को पन्नों पर उकेरने की वह सोच जो अलग-अलग 'मास्टहेड' के जरिए अलग-अलग हो जाती है। खबरों को कैसे परोसा जाए, उसके ट्रीटमेंट का तरीका क्या होगा—यह किसी भी अखबार के नाम (मास्टहेड) में रहता है। पाठक समझ जाता है। इतना ही नहीं अखबारों का एक अपना प्रतीकचिह्न और स्लोगन भी रहता है, जो उस अखबार की पहचान होता है। मसलन कलम की निब और साथ में लिखा 'जर्नलिज्म ऑफ करेज' का मतलब ही है 'इंडियन एक्सप्रेस'। जब 'जनसत्ता' शुरू हुआ तो उसका स्लोगन ही उसकी पहचान बन गई 'सबकी खबर ले, सबको खबर दे।' दरअसल यही पहचान खबरों के जरिए भी झलकती है। 'टाइम्स ऑफ इंडिया' का प्रतीकचिह्न याद कीजिए। एक-दूसरे की तरफ सूँड़ झुकाकर देखते दो हाथी। 'मास्टहेड', 'प्रतीकचिह्न' या 'स्लोगन' न सिर्फ किसी अखबार को पहचान देने के लिए हैं बल्कि पाठकों के मिज़ाज को अपने साथ जोड़ने का प्रयास भी है।

लेकिन टेलीविजन में न्यूज़-चैनल की पहचान उसका मास्टहेड कतई नहीं होता। क्योंकि खबरों को परोसने जैसा न्यूज़ चैनल में अखबार की तर्ज पर नहीं होता। दरअसल न्यूज़ चैनल उस बहते हुए पानी की तरह है जो न सिर्फ अपना रास्ता अपने बहाव के अनुकूल बनाता है बल्कि पानी का बहाव ही उसकी तेजी, उसका फैलाव, उसकी तरंग सब

कुछ तय करता जाता है। किसी तालाब के पानी को एक नज़र में मापा जा सकता है, खँगाला जा सकता है, उसे एक धागे में पिरोया जा सकता है, जो अखबार में सम्भव नहीं है। सम्पादक-सम्पादकीय नीति उसकी पहचान है। मगर न्यूज़ चैनल में ऐसा सम्भव नहीं है। टी.वी. के सामने बैठा कोई भी दर्शक चैनल के नाम से कहीं ज्यादा उस वक़्त आ रही खबर के ट्रीटमेंट के अनुसार चलता है। हाथ में रिमोट और रिमोट पर मचलती उँगलियाँ ही न्यूज़ चैनल का सच है। जिस खबर को लेकर रिमोट पर उँगलियाँ थमीं, उस खबर को दिखानेवाले चैनल की वही सफलता है।

टी.वी. चैनल देखनेवाला दर्शक पहले से यह सोचकर नहीं बैठता कि 'एनडीटीवी' देखें या 'आजतक' देखें या 'चैनल सेवन' देखें या 'इंडिया टी.वी.' देखें। दर्शकों के लिए खबरें महत्त्व रखती हैं। कम-से-कम भारत में खबरों या प्रोग्रामिंग के जरिए टी.वी. चैनल से जुड़ने की प्रक्रिया नहीं है। क्योंकि ऐसा कोई भी चैनल नहीं है जो अपने आप में सम्पूर्ण हो। इस अर्थ में हर चैनल एक-दूसरे के पूरक की तरह काम करता है। दर्शक को अगर किसी खबर में दिलचस्पी होती है तो वह हर चैनल पर उसे देखता है। चैनल उसकी उँगलियों पर होता है और वह उनको सर्फ करते हुए आगे बढ़ता है। मान लीजिए अच्छे डिस्कशन 'एनडीटीवी' पर आते हैं और आप डिस्कशन देखना चाहते हैं तो आप केवल 'एनडीटीवी' ही देखें। हो सकता है 'सीएनबीसी' पर बहुत अच्छा डिस्कशन आ रहा हो, 'स्टार' पर आ रहा हो। आप अगर टी.वी. न्यूज़ के दर्शक हैं तो आप किसी एक चैनल से बँधकर नहीं रह सकते। यह टी.वी. की सच्चाई है। यही वजह है कि न्यूज़ चैनलों ने भी अपने मिज़ाज को दर्शकों से जोड़ने के लिए स्लोगन का सहारा लेना शुरू किया। 'सबसे तेज', 'आपको रखे आगे', 'सच दिखाते हैं हम' आदि हैं तो स्लोगन लेकिन अलग-अलग चैनलों के 'मास्टहेड' का काम यही करने लगे हैं। हालाँकि 'स्लोगन' चैनल के नाम को पहचान तो दे देता

□ इलेक्ट्रॉनिक संवाद का आरम्भ 1831 से होता है जब जोसेफ हेनरी और मिशेल फेराडे ने इलेक्ट्रॉनिकी पर काम करना शुरू किया।

❑ तार के जरिए स्टिल इमेज को उभारने वाले शख्स जिओबाना केसली थे जिन्होंने 1862 में पैंटेलग्राफ ईजाद किया।

है, लेकिन यह खबरों को लेकर या यूँ कहा जाए कि अलग-अलग न्यूज़ चैनल पर आ रही खबरों को अपने स्लोगन के अनुरूप पहचान भी देता है—यह सोचना भी सम्भव नहीं है।

मसलन कहीं कोई घटना हुई। मान लीजिए, बनारस के संकटमोचन मन्दिर के परिसर में विस्फोट हो गया है तो स्लोगन के मिज़ाज से दर्शक अगर रिमोट चलाए तो 'सबसे तेज़' पर सबसे पहले आएगा। फिर 'सच दिखाते हैं हम' के पास जाएगा और 'आपको रखे आगे' के पास उसके बाद आएगा। लेकिन हकीकत इसके बिल्कुल उलट है। दर्शक की उँगलियाँ सबसे पहले उस न्यूज़ चैनल पर रुकेंगी जहाँ घटना की तस्वीर सबसे पहले उसे दिखाई देगी। वह कोई भी चैनल हो सकता है। कोई भी से तात्पर्य है कि यहाँ भाषा की सीमा भी खत्म होती है। हिन्दी-अंग्रेज़ी ही नहीं कोई क्षेत्रीय भाषा का चैनल भी अगर तस्वीर सबसे पहले दिखा रहा है और दर्शक की रुचि उस खबर में है तो मानकर चलिए रिमोट के जरिए वह वहाँ पहुँचेगा और वहाँ तब तक रुका रहेगा, जब तक उसकी अपनी भाषा के न्यूज़ चैनल के पास वह तस्वीरें नहीं आ पातीं। यहाँ दो घटनाएँ उदाहरण के लिए काफी हैं। पहली, जयललिता के निर्देश पर 'डी. एम. के.' नेता करुणानिधि को जबरदस्ती पुलिस गिरफ्तार कर ले गई। करुणानिधि के साथ जिस तरह का सुलूक पुलिस ने किया, जितने बेबस करुणानिधि नजर आ गए, साथ में तत्कालीन केन्द्रीय मन्त्री मुरासोली मारन के साथ भी जो हुआ वह सब भारतीय राजनीति की एक अजीबोगरीब त्रासदी थी। यह त्रासदी तस्वीरों के जरिए तमिलनाडु की राजनीति की खुली किताब थी। 'सन टी.वी.' पर इसकी तस्वीरें सबसे पहले आईं। समूचे देश ने उसी चैनल के जरिए इस घटना को देखा। यहाँ तक कि हिन्दीभाषी दर्शकों ने भी 'सन टी.वी.' ही रिमोट पर दबाया। सुनामी के दौर में भी ऐसा ही कुछ हुआ। दक्षिण भारत के न्यूज़ चैनलों पर सुनामी त्रासदी की

तस्वीर सबसे पहले नजर आई। सभी ने उसी के जरिए सुनामी की भयावहता का अन्दाज लगाया। तो टी.वी. का सबसे बड़ा सच विज़ुअल है। विज़ुअल जिसके पास है वही लीडर है।

लेकिन विज़ुअल अगर हीरा है, तो उसका महत्त्व तभी है जब उसे सोने के साथ पिरोया जाए या गढ़ा जाए। दरअसल टी.वी. पत्रकारिता के मानदंड विज़ुअल से शुरू होते हैं। विज़ुअल किसी भी घटना की अनकही कहानी दिखा तो देते हैं, लेकिन इस कहानी को कहने का काम घटनास्थल पर अगर रिपोर्टर करता है तो स्टूडियो से एंकर।

इसी कारण टी.वी. में—टी.वी. न्यूज़ में एंकर और रिपोर्टर का महत्त्व काफी ज्यादा होता है क्योंकि जब भी कोई बड़ी घटना हो जाती है तो उस दौरान जो व्यक्ति एंकरिंग कर रहा होता है उसका महत्त्व सबसे ज्यादा होता है। उसका काम उस समय बहुत बड़ा होता है। क्योंकि कोई घटना घटती है तो हो सकता है कि उसकी खबर एजेंसी के द्वारा आई हो, गृह मंत्रालय से पता चली हो या किसी और स्रोत से जानकारी मिली हो या हो सकता है किसी ने फोन करके यह सूचना दी हो। यानी इस पूरी प्रक्रिया में आपका संस्थान मैटर नहीं करता है। आपके रिपोर्टर से आप सम्पर्क नहीं कर पा रहे हों, आपके पास विज़ुअल न हों और जब तक ये सब चीजें आपके पास नहीं आ जातीं उस दौरान एंकर की भूमिका ही सामने रहती है। वही शब्दों के द्वारा उस घटना का खाका खड़ा करता है। अपनी जानकारी के आधार पर दर्शकों को बाँधने का प्रयास करता है। इस तरह के हालात में बस एक एंकर का चेहरा होता है और दूसरा चैनल का नाम होता है और कुछ भी नहीं होता। अगर वह कहीं लड़खड़ाता है तो रिमोट पर उँगलियाँ मचलने लगती हैं। लोग चैनल शिफ़्ट कर लेते हैं। यह कहीं नहीं होता कि इस चैनल के जरिए चीज़ों को समझें। दर्शक एंकर के जरिए ही चीज़ों को देखना शुरू कर देते हैं। एंकर ही इस दौर में एक तरह से नीति-निर्धारक हो जाता है।

□ तस्वीर (images) को इलेक्ट्रॉनिक सिग्नल में परिवर्तित करने की शुरुआत 1873 में हुई जब वैज्ञानिक मे और स्मिथ इसके लिए सेलेनियम लाइट का प्रयोग करते हैं।

लेकिन इस प्रक्रिया को आगे बढ़ाने में रिपोर्टर की भूमिका बड़ी हो जाती है। वह सारी घटना को किस प्रकार सामने लाता है, किस तरह से एक्सक्लूजिव पहलू किसी घटना से जुड़े? उसके पास बाइट क्या-क्या हैं? इन सब चीजों से जुड़कर रिपोर्टर की रिपोर्ट ऐसी बनती है कि दर्शक उसे देखने लगते हैं, नहीं तो दर्शक दूसरे चैनल की ओर बढ़ जाते हैं। रिपोर्टर एक तरह से समाज के किसी तबके के प्रतिनिधि के तौर पर होता है और उसके माध्यम से लोग अपनी बात सुनना चाहते हैं। इसीलिए चैनलों में एंकर के बाद रिपोर्टर का महत्त्व सबसे ज्यादा होता है। यह किताब भी इसी पहलू पर केन्द्रित है।

□ बोस्टन के एक नौकरशाह जार्ज कैरी ने पहली बार 1877 में टेलीविजन सिस्टम को कागज पर उकेरा। उसने सेलेनियम कैमरा बनाया।

एंकर यानी हरफनमौला

'टेलीविजन पर एंकर यानी प्रस्तुतकर्ता को इयान बॉथम की तरह होना चाहिए'—ब्रिटेन के चैनल फोर के एंकर जॉन स्नो ने एक बार अच्छे एंकर की विशेषताओं के बारे में पूछे जाने पर यह बात कही थी। इयान बॉथम इंग्लैंड की क्रिकेट टीम के हरफनमौला खिलाड़ी थे। लेकिन उन्होंने हरफनमौला की जगह इयान बॉथम के नाम का प्रयोग किया, तो इसके भी कारण हैं। कारण यह है कि इयान बॉथम की ख्याति एक ऐसे खिलाड़ी के रूप में रही है, जो क्रिकेट के महान गेंदबाज, बल्लेबाज, क्षेत्ररक्षक तो थे ही, फुटबॉल के खेल में भी उन्होंने अपना जलवा दिखाया था।

स्नो के कहने का मतलब था कि टी.वी. के एंकर को हर विषय का थोड़ा-बहुत जानकार होना चाहिए। उसे कार के नए से नए मॉडल की खूबियों का भी जानकार होना चाहिए, फैशन के नए ट्रेंड्स के बारे में भी पता होना चाहिए। यानी उसे पता होना चाहिए कि आजकल कॉलेज जानेवाले युवाओं की दिलचस्पी किन नए-नए पहलुओं में है। सेंसेक्स के उतार-चढ़ाव पर उसकी नज़र होनी चाहिए। सबसे बढ़कर राजनीति से जुड़े विषयों में उसे पारंगत होना चाहिए। अपने समय, अपने समाज पर उसकी पकड़ जितनी मजबूत होगी, एंकर के रूप में उसकी विश्वसनीयता उतनी ही अधिक होगी। क्योंकि टीवी के माध्यम से मिलनेवाली सूचनाओं का वही स्रोत होता है।

दुनिया भर में लड़ाई छोटे परदे से दर्शकों को बाँधे रखने की होती है। कहने का मतलब है कि दुनिया भर के

❑ 1878-79 में ही पाइवा फियोर और सेनलेक जैसे कुछ वैज्ञानिक/इंजीनियरों ने 'टेलइक्ट्रोस्कोप' को डिज़ाइन किया।

टेलीविजन चैनलों के मालिकों में न केवल अधिक से अधिक विज्ञापनदाताओं को आकर्षित कर मुनाफा कमाने की होड़ होती है, बल्कि उससे भी अधिक होड़ इस बात को लेकर होती है कि कैसे अधिक से अधिक दर्शकों को टेलीविजन के छोटे परदे से बाँधा जा सके। ज़ाहिर है, इस सारी प्रक्रिया में टी.वी. और उसे देखनेवाले दर्शकों के बीच सेतु की भूमिका निभानेवाले एंकर की भूमिका महत्त्वपूर्ण हो जाती है।

यही कारण है कि दुनिया भर के टी.वी. चैनलों में, चाहे वे समाचारों से जुड़े चैनल हों या मनोरंजन या खेल से जुड़े हों, दर्शक-संख्या में बढ़ोतरी को ध्यान में रखते हुए एंकरिंग को लेकर लगातार प्रयोग होते रहते हैं। भारत में अभी ऐसी स्थिति तो नहीं आई है, लेकिन संसार के अनेक देशों में टी.वी. चैनलों पर तरह-तरह के प्रयोग आजमाए जाते रहे हैं। अगर आपको भारत के टी.वी. चैनलों पर मॉडलनुमा एंकरों की भरमार को लेकर चिन्ता हो रही है तो घबराइए मत, पश्चिमी देशों में तो समाचारों के प्रस्तुतीकरण तक में 'टॉपलेस एंकरिंग' या अर्धनग्नावस्था में समाचारों की प्रस्तुति तक की जा चुकी है।

एंकर जॉन स्नो की मानें तो उनका कहना है कि भले देखने में एंकर का काम बड़ा आकर्षक और आसान दिखाई देता हो, लेकिन वास्तव में यह काफी मुश्किल काम होता है। उनका मानना है कि टी.वी. पर दो तरह के एंकर दिखाई देते हैं। एक तो वे होते हैं जिनमें चीज़ों की बड़ी गहरी समझ होती है, पत्रकारिता पर उनकी पैनी नजर होती है, और सबसे बढ़कर जो गुण उनमें पाया जाता है वह होता है उनका बड़ी ही सहजता से टी.वी. स्क्रीन पर अपनी भूमिका निभाना। वे सब कुछ इतना सहज, इतना विश्वसनीय बना देते हैं कि लगता ही नहीं कि वे किसी कार्यक्रम के प्रस्तुतकर्ता हैं। इसके विपरीत दूसरे प्रकार के एंकर सहज चीज़ों को भी असहज बना देते हैं, जिनको देखते-सुनते हुए इस बात का बराबर अहसास होता रहता है कि वे कुछ 'प्रस्तुत' कर रहे हैं, उनकी

❑ टेलीफोन के जरिए इमेज और साउंड को एक साथ समझने-सुनने को मूर्त रूप में बेल और एडीसन ने 1880 में सामने रखा। बेल ने फोटोफोन बनाया जो साउंड और इमेज को तार के जरिए आगे बढ़ाता था।

प्रस्तुति की शैली इस तरह की होती है कि सहज रूप से विश्वसनीय दिखाई देनेवाली बात भी अविश्वसनीय लगने लगती है।

इसके अलावा, एंकरिंग का क्षेत्र अपने आप में इतना विस्तृत होता है कि यह कह पाना भी मुश्किल होता है कि आखिर वे क्या गुण होते हैं या हो सकते हैं जो किसी व्यक्ति में एक सफल एंकर बनने के लिए अनिवार्य माने जा सकते हैं। कुछ इसलिए सफल एंकर के रूप में अपनी पहचान बनाने में सफल हो पाते हैं क्योंकि वे अनुभवी पत्रकार होते हैं, तो कुछ एंकर अपनी अनुभवहीनता के कारण ही चैनलों में अपनी जगह इस कारण बना पाने में सफल होते हैं, क्योंकि अनुभवहीनता के कारण वे चैनल के अनुसार अपनी भूमिका निभा पाते हैं। कुछ एंकरों को इस कारण भी काम मिलता रहता है क्योंकि वे देखने में अच्छे होते हैं, टी.वी. के परदे पर उनकी मौजूदगी आकर्षक लगती है, तो कुछ एंकर इसलिए अच्छे माने जाते हैं क्योंकि वे तकनीकी रूप से बड़े जानकार होते हैं और संकट के समय में, किसी आपातस्थिति में चैनल द्वारा उनको जो भी भूमिका दी जाती है उसका वे सफलतापूर्वक निर्वाह कर पाने में सफल होते हैं। कहने का मतलब यह है कि टेलीविजन पर एंकर होने का मतलब सीधे-सीधे किसी एक पहलू के रूप में नहीं बताया जा सकता। लेकिन इतना जरूर कहा जा सकता है कि एंकर होने का मतलब होता है हर समय किसी नई चुनौती का मुकाबला करने के लिए हर लिहाज से पूरी तरह तैयार रहना। और यह तभी सम्भव है जब आप खबरों की नब्ज़ पहचानते हों। ऊपर हमने अनुभवहीनता शब्द का इस्तेमाल इसलिए किया क्योंकि टी.वी. चैनल अभी प्रयोग के दौर में है, परिपक्वता नहीं आई है। चैनल की पहचान क्या हो या किनके जरिए हो, यह अबूझ बना हुआ है। उम्र-समझ-अनुभव के समानान्तर कच्ची उम्र, ग्लैमर, बेबाक होना भी एंकर बना दे रहा है। यह प्रक्रिया 'एंकर' को न्यूज़ रीडर से आगे तो ले जा रहा है, लेकिन

❑ शेलडन बिडवेल ने 1881 में टेलीफोटोग्राफी के जरिए एक दूसरा फोटोफोन बनाया।

समाज के एक छोटे से आकर्षक दिखनेवाले तबके की नुमाइन्दगी कराने लगी है।

एंकर होना अपने आपमें कोई गुण नहीं होता है। इसका सम्बन्ध कई कौशलों के सफलतापूर्वक प्रदर्शन से जुड़ा होता है। आप कह सकते हैं कि सफल एंकर वही हो सकता है जो आला दरजे का पत्रकार हो। उसे प्रश्नाकुल होना चाहिए, यानी उसे उन पहलुओं के हिसाब से सवाल पूछने में सक्षम होना चाहिए, जिससे दर्शकों की जिज्ञासा को शान्त किया जा सके। कहने का मतलब है कि अगर आप बेहतर एंकर होना चाहते हैं, तो केवल इतना ही काफी नहीं कहा जा सकता है कि आप अपने विषय में महारत रखते हों, बल्कि आपको इस बात की भी पूरी समझ होनी चाहिए कि आपका दर्शक क्या जानना चाहता है? आप ऐसा क्या कह सकते हैं, आप स्टूडियो में मौजूद मेहमान या अपने रिपोर्टर या फोन इन के माध्यम से ऐसा क्या पूछ सकते हैं कि दर्शकों को यह लगे कि इस एंकर ने मेरे दिल की बात कह दी। अगर आप यह समझते हों कि एंकर की भूमिका महज इतनी होती है कि वह डेस्क के लोगों द्वारा लिखे गए आलेख का सही तरह वाचन कर दे, तो ध्यान रखिए कि इससे दर्शकों पर आपका प्रभाव नहीं जमेगा। प्रभाव उसका जमने लगेगा जिसने आपकी पटकथा लिखी होगी। मेरा तो मानना है डेस्क पर लिखनेवालों का भी प्रभाव नहीं जमेगा क्योंकि वह सिनेमा नहीं है। सिनेमा में सलीम-जावेद की जोड़ी अपनी पटकथा के जरिए अमिताभ बच्चन को इसलिए नायक बना देती है क्योंकि पटकथा लिखनेवाले को मालूम है कि कहानी शुरू कहाँ से होती है और उसे खत्म कैसे करना है। यानी तीन घंटे में पोएटिक जस्टिस। यह समझ किसी आधे या एक घंटे की प्रोग्रामिंग के लिए तो ठीक है। लेकिन लगातार आ रही खबरों के दौर में जिसमें कोई ओर-छोर नहीं होता, वहाँ डेस्क पर चाहे सलीम-जावेद की जोड़ी ही क्यों न बैठ जाए, एंकर हिट नहीं हो सकता है। टी.वी., रेडियो की तरह केवल बोलने और

❑ पहली बार 'टेलीविजन' शब्द पेरिस में लगे अंतर्राष्ट्रीय मेले में उभरा। 1900 में यह पहला 'इंटरनेशनल कांग्रेस ऑफ इलेक्ट्रीसिटी' था जिसमें रूस के कांस्टेंटीन पेरस्की में टेलीविजन शब्द का प्रयोग किया।

सुनने का ही माध्यम नहीं होता है। उस पर आप बोलते हुए दिखाई भी देते हैं, इसलिए भले आप दूसरों की पटकथा ही पढ़ें, तो भी आपकी शैली इस तरह की होनी चाहिए कि आपकी अपनी छाप भी दर्शकों पर पड़ती दिखाई दे। यही नहीं, आप जो टी.वी. के परदे पर पढ़ रहे होते हैं, उसे लिखने में आपको महारत हासिल होनी चाहिए। वास्तव में एंकर का काम चैनल की ओर से संवाद बनाने का होता है, इसलिए अगर वह पक्के तौर पर उस्ताद नहीं है, तो मानकर चलिए कि न तो उसकी समाज में कोई पैठ बननेवाली है, न ही उस चैनल की जिसके कार्यक्रमों को वह प्रस्तुत कर रहा होता है। यहाँ यह समझना होगा कि 'एंकर' कलाकार नहीं है। उसे अदाकारी के जरिए तालिबान द्वारा मारे गए भारतीय इंजीनियर की खबर पर शोकाकुल नहीं होना है। सरकार की विदेश नीति पर आक्रोश भी नहीं दिखाना है। बाप का साया उठनेवाले बच्चों को लेकर हमदर्दी भी नहीं जतानी है। अगर यह सब हो रहा है तो उसे बताना भी है। सही मायने में एंकर एक ऐसी नाजुक डोर को थामे हुए होता है कि हर देखनेवाला भावनाओं की रौ में लगातार बहता जाए लेकिन आगे बढ़ते रहने की शर्त पर पीछे लौटने के लिए नहीं। साफ है, हमेशा बहुत कुछ नया चाहिए एंकर को। उसके शब्द, उसकी समझ, अनुभव सब कुछ जितना नायाब होगा उतनी पैठ उसकी बढ़ेगी।

इतना तो स्पष्ट है कि एंकर का काम बहुत मुश्किल होता है। यह महज कोई चमक-दमकवाला काम नहीं है, बल्कि एक बहुत बड़ी जिम्मेदारी का काम भी होता है। यही कारण है कि अमेरिका और यूरोप के टी.वी. चैनलों में एंकरों को लेकर खूब मारामारी चलती रहती है। किसी चैनल को मुकाबले में कमजोर करने के लिए अक्सर उनके प्रमुख एंकरों को तोड़ने का हथकंडा चैनलों द्वारा अपनाया जाता है। समाचार चैनलों या मनोरंजन चैनलों में एंकर की भूमिका इस रूप में दुनियाभर में महत्त्वपूर्ण मानी जाती है। अन्तरराष्ट्रीय मीडिया जगत की

❑ इसके बाद टेलीविजन के विकास की गाथा शुरू होती है जिसमें दो मार्ग चुने गए। पहला मैकेनिकल टेलीविजन, दूसरा इलेक्ट्रॉनिक टेलीविजन।

□ मैकेनिकल मॉडल पर अमेरिका के चार्ल्स जेनकिंग्स और जॉन बेयर्ड ने काम आरम्भ किया।

एक प्रमुख हस्ती रुपर्ट मर्डोक के बारे में तो यह प्रसिद्ध है कि अपने प्रतिद्वन्द्वी चैनलों को कमजोर करने के लिए उन्होंने उनके अनेक प्रमुख एंकरों को अपने चैनलों में काम पर तो रख लिया, लेकिन उनको दिखाया नहीं और साल भर तक उनको पैसे देते रहे। उसी तरह हमारे अपने देश में भी कई चैनलों की जब शुरुआत हुई और जब उनके विज्ञापन दिखाए जाने लगे, तो उनमें जो बात सबसे प्रमुखता से उभरती थी वह यह थी कि उनके यहाँ कितने अनुभवी एंकर हैं। याद कीजिए, वह चाहे अंग्रेजी चैनल 'ट्वेंटी फोर इनटु सेवन' के आरम्भिक विज्ञापन और प्रोमो रहे हों या 'इंडिया टी.वी.' या 'चैनल सेवन' के आरम्भिक विज्ञापन। मतलब यह है कि एंकर की भूमिका, उसकी जिम्मेदारी टी.वी. के कार्यक्रमों में इतनी अधिक होती है कि उसे हरफनमौला या ऑलराउंडर कहा जा सकता है।

हैं। आप यह देखते हैं कि किस रिपोर्टर की खबर है, अगर वह खबर किसी ऐसे रिपोर्टर द्वारा लिखी गई होती है जिसके लिखे शब्दों के ऊपर आप भरोसा करते हैं, तो आप उस खबर को पढ़ते हैं। मान लीजिए क्रिकेट की कोई बड़ी खबर है, ऐसी खबर है जिस पर आमतौर पर शायद आप कभी भरोसा न करें, लेकिन जैसे ही आप बाइलाईन में देखते हैं कि खबर प्रदीप मैगज़ीन की लिखी हुई है, तो न केवल आपकी दिलचस्पी उस खबर में बढ़ जाती है, बल्कि आप उस पर भरोसा भी करने लगते हैं। क्यों करने लगते हैं? क्यों उस खबर को पढ़ने लगते हैं? क्योंकि आपके ज़ेहन में उस रिपोर्टर की एक खास छवि बन चुकी होती है। आप कहीं-न-कहीं उसकी बातों से सहमत हो रहे होते हैं। आप जानते हैं कि फलाँ रिपोर्टर की पकड़ उस कोटरी के भीतर तक है जहाँ से खबर चलकर निकली है।

टेलीविजन में यही स्थिति एंकर की मानी जा सकती है। यह भी सही है कि उसमें रिपोर्टर की भूमिका भी अहम होती है। लेकिन टी.वी. के मामले में यह सच है कि एंकर के जरिए ही दर्शकों की भावनाएँ, उसकी समझ में उतार-चढ़ाव आता रहता है। इसलिए बढ़ते टी.वी. चैनलों की होड़ में इस दौर में आप इससे बच नहीं सकते हैं। इसलिए अगर आप एंकर को इस रूप में विकसित करेंगे कि वह आए और सिर्फ खबरों को पढ़कर चला जाए तो वह एंकर नहीं हो सकता। एंकर की भूमिका न्यूज़ रीडर से अलग होती है—होनी चाहिए। उसकी भूमिका न्यूज़ रीडर से काफी व्यापक होती है। परिवर्तनों के दौर में इस परिवर्तन को भी भली-भाँति समझने और चीजों को इस रूप में विकसित किए जाने की जरूरत है।

आज भले ही इस रूप में एंकर की भूमिका पूरी तरह से विकसित होती नहीं दिखाई दे रही हो, लेकिन इसे आप चाहकर भी नहीं रोक सकते हैं। आज जिस तरह से बाजार बढ़ रहा है, टीआरपी को लेकर जिस तरह से लड़ाई चल रही

❑ अमेरिकन चार्ल्स जेनकिंग्स और स्कॉटलैंड के जॉन ब्रॉयड ने 1924-25 में पहली बार wire-curcuits से Mechanical Transmission of Images को गुजारकर दिखाया।

है, उसमें एंकर को सबसे बिकाऊ होना ही है। बिकाऊ होने का मतलब है कि ऐसे एंकरों की माँग बढ़ेगी जिन्होंने अपनी शैली से एक तरह की विश्वसनीयता अर्जित कर ली हो। कहने का मतलब यह है कि एंकर जहाँ-जहाँ जाएँगे, दर्शक भी उधर का ही रुख करेंगे। उसकी जो गुणवत्ता है वह तो किसी भी चैनल में उसके होने पर दिखाई देगी। सवाल केवल इतना होता है कि टी.वी. के परदे पर वह एंकर जब खबरों को पेश कर रहा होता है, तो वह कैसा फील कर रहा होता है।

क्या उसे असहज फ़ील होता है या उसे लगता है कि यह चीज़ मेरे अनुकूल है। चैनल की भाषा जो है, उसकी दृष्टि जो होती है वह खबरों के जरिए ही उभरकर आती है। समाचार चैनलों के सन्दर्भ में इसे इस रूप में देखा जा सकता है कि कुछ चैनल ऐसे हैं, जैसे कि स्टार न्यूज़ का उदाहरण इस सन्दर्भ में दिया जा सकता है कि वह 'हार्ड न्यूज़' से भाग रहा है। ऐसे में अगर वहाँ जो हार्ड न्यूज़ को समझनेवाला एंकर होगा, उसकी परेशानी शुरू होगी कि वह उन खबरों को किस तरह अपने आपसे जोड़कर प्रस्तुत करे? मान लीजिए एंकर अपने आपको इस रूप में विकसित करता है कि वह चैनल की खबरों के मुताबिक अपने आपको ढाल लेगा तो वह किसी भी चैनल का 'एडजस्ट' हो जाता है।

लेकिन कोई हार्ड न्यूज़ से जुड़ा एंकर अगर हार्ड न्यूज़ से भागते न्यूज़ चैनल से जुड़ता है तो संकट दोहरा है क्योंकि कभी-कभी खबरों को लेकर चैनल की पहचान इतनी गाढ़ी हो चुकी होती है कि हार्ड न्यूज़ से दूर भागते चैनल पर दर्शक हार्ड न्यूज़ देखने आता ही नहीं। यही संकट हार्ड न्यूज़ के चैनल में सतही समझ के एंकरों को लेकर हो सकता है। लेकिन भारत में अभी यह दौर नहीं आया है कि खबरों को अलग-अलग खेमों में बाँटा जाए और उसी अनुरूप चैनलों को लेकर समय विकसित हो। कुछ ऐसा ही हार्ड न्यूज़ एंकरों के साथ भी है। वे भी गाहे-बगाहे खबरों के साथ मसखरी

□ बेयर्ड पहला व्यक्ति था जिसने रंगीन टेलीविजन सिस्टम का पेटेंट करवाया। साथ ही पहली बार मैकेनिकल सिस्टम द्वारा पार्श्व छवि का उपयोग किया।

एंकर और ग्लैमर

टेलीविजन के लिए एंकरिंग करने का मतलब होता है घर-घर मौजूद अलग-अलग आकारों-प्रकारों के टी.वी. सेट पर आपकी मौजूदगी। कहीं आप रंगीन दिखाई दे रहे होते हैं तो कहीं श्वेत-श्याम। किसी विशाल घर में आपकी आदमकद तस्वीर प्लाज्मा टी.वी. के परदे पर दिखाई दे रही होती है तो कहीं आप पोर्टेबल टी.वी. पर दिखाई दे रहे होते हैं। लेकिन इतना तो तय है कि अगर आप किसी चैनल के एंकर हैं तो आप घर-घर मौजूद होंगे। गली-मुहल्लों में आपके बारे में लोग उसी तरह बातें करते दिखाई देंगे जैसे किसी फिल्मी या टी.वी. धारावाहिकों के सितारों के बारे में बातें की जाती हैं। कहने का मतलब यह है कि अगर आप किसी टी.वी. चैनल के एंकर हैं तो आप चाहें न चाहें आपको ग्लैमर से जोड़कर देखा जाने लगता है। भले आप खुद को पत्रकार मानते हों, लेकिन लोग आपको 'स्टार' की तरह से देखने लगते हैं। समाज आपको ग्लैमर से जोड़कर देखने लगता है।

लेकिन इसको दूसरी तरह से देखें तो यह ग्लैमर एंकर के लिए बहुत बड़ा हथियार साबित हो सकता है, अगरचे वह सही तरीके से इसका इस्तेमाल करे। क्योंकि पहले जब हम बतौर पत्रकार कहीं जाते थे तो समाज का वह तबका जो खोल में रहना चाहता है, उस तक आपकी पहुँच नहीं हो पाती थी, वह आपके सामने किसी तरह की टिप्पणी करने से बचता था। समाज के निचले तबके, मध्यवर्ग तक तो पत्रकार के रूप में, प्रिंट के पत्रकार के रूप में आप अपनी पहुँच बड़ी सहजता से बना लेते हैं, लेकिन समाज का ऊपरी तबका

❑ 1927 में ही फेलिया फर्नो ने सम्पूर्ण टी.वी. सिस्टम का पेटेंट अपने नाम करवाया।

आपसे दूरी बनाए रखने में सफल रहता था। यहीं पर राष्ट्रीय चैनल और उसके एंकर का महत्त्व समझ में आता है।

इसका महत्त्व उन इलाकों में भी समझ में आता है जहाँ राज्य का खौफ हो या जहाँ राज्य अपनी मनमर्जी से मानवाधिकारों का हनन कर रहा हो। अगर आप बतौर पत्रकार रिर्पोटिंग करने ऐसे इलाके में जाते हैं, तो वह अविश्वास इतना गहरा होता है कि न तो पुलिस, न ही ग्रामीण आप पर भरोसा करते हैं। फिर पुलिस-प्रशासन अपनी कारगुजारी छुपाने के लिए आपकी पत्रकारिता को भी जूते की नोंक पर रखकर ही धमकता है। यह स्थिति नक्सल प्रभावित इलाकों में खूब होती है। लेकिन अगर आपकी पहचान है टी. वी. के जरिए तो वह घबराता है। फिर डराता नहीं छिपाता है। खासतौर पर एंकर ही रिपोर्ट लेने पहुँचा है तो हर कोई यह मानता है कि यहाँ इसे डरा दिया तो यह स्टूडियो में जाकर सबकुछ उगल देगा।

एंकर जब स्टूडियो में बैठा होता है, तो वहाँ समाज के एलीट तबके से जुड़ा हर व्यक्ति आता है—राजनीति के बड़े-बड़े लोग वहाँ आते हैं, फिल्म-उद्योग से जुड़ा कोई बड़ा व्यक्ति आपके सामने बैठा होगा, कोई बड़ा सामाजिक कार्यकर्ता वहाँ बैठा होगा, फैशन या विज्ञापन से जुड़ी बड़ी हस्तियाँ वहाँ आती हैं, बैठती हैं। इससे देखनेवाले के दिमाग में छवि यह बनती है कि यह शख्स समाज के हर तबके से जुड़ा हुआ है। यहीं नेशनल चैनल की ताकत समझ में आती है। उसका एंकर जब फील्ड में निकलता है तो लोगों को लगता है कि इस आदमी की पहुँच तो समाज के सारे नामी-गिरामी तबके में है, तो हम क्या चीज़ हैं।

दरअसल, ग्लैमर का हिस्सा यही है। ग्लैमर कैमरे के कारण नहीं है। ग्लैमर उस माध्यम के कारण पैदा होता है जिससे जुड़कर फिल्में चल जाती हैं। ग्लैमर उस बाजार के कारण पैदा होता है, जिसके कारण नए-नए उद्योग-धन्धे समाज में पनप रहे हैं। एंकर को इस माध्यम के कारण इस

❑ फेडरेल रेडियो कमीशन ने 1928 में पहला टेलीविजन लाइसेंस (w3xk) चार्ल्स जेनकिंस को दिया।

ग्लैमर से जुड़ने का मौका मिल जाता है। वह जिस नेशनल चैनल के स्टूडियो में बैठकर कार्यक्रम पेश करता है, वहाँ ग्लैमर की दुनिया की चमक-दमक आकर बैठना चाहती है। यही टेलीविजन माध्यम का लाभ है। अखबार का सम्पादक उतनी सहजता से उस तबके तक नहीं पहुँच सकता है जितनी सहजता से कोई एंकर पहुँच सकता है।

इसी कारण आप देखेंगे कि कई चैनल एंकरों को भी खास-खास मौकों पर खबर कवर करने के लिए भेजते हैं। ऐसे में रिपोर्टर की भूमिका इसलिए एंकर से अलग होती है क्योंकि रिपोर्टर जाकर खबर लाता है जबकि एंकर के पास खबर चलकर आती हैं। इसी कारण ग्लैमर का एक प्रभामंडल एंकर के साथ जुड़ा रहता है। जब कोई एंकर फील्ड में जाता है, तो लोग उससे जुड़ना चाहते हैं। एंकर के इर्द-गिर्द जो लोग भी आएँगे वे ग्लैमर का हिस्सा बन जाएँगे। रिपोर्टर का तो काम ही खबर लाना होता है जबकि एंकर की भूमिका यह नहीं मानी जाती है। वजह यही है कि एंकर को किसी खास कवरेज के लिए ही भेजा जाता है। कवरेज का तरीका भी रिपोर्टर के तरीके से अलग होता है। फिल्म में एंकर की मौजूदगी अगर है तो इसका मतलब यह भी है कि न्यूज़ चैनल घटनास्थल से घटना को लेकर कोई प्रोग्राम करना चाहता है। अक्सर स्टूडियो के बाहर एंकर की मौजूदगी नए तरीके से स्टूडियो की महक भी देती है। इस तरह स्टूडियो से बाहर निकलने से एंकर को भी नए अनुभव मिलते हैं जो गाहे-बगाहे रिपोर्टर से 'चैट' करने के दौरान मददगार साबित होते हैं।

लेकिन यहाँ नजरिए का भी फर्क होता है। टी.वी. पत्रकारिता भले व्यावसायिक पत्रकारिता से जुड़े मानकों के आधार पर काम करती हो, लेकिन यह कोई आवश्यक नहीं कि उससे जुड़नेवाले सभी एंकर पत्रकारिता के क्षेत्र में कोई अनुभव रखते ही हों। टी.वी. के कार्यक्रमों में, चाहे वे समाचार से जुड़े ही क्यों न हों, देखने-दिखाने का तत्त्व इतना प्रबल हो गया है कि कार्यक्रम प्रस्तुत करनेवाले एंकर भी अपने

❑ व्लादिमीर ज्योरकिन ने 1927 में पहले इलेक्ट्रॉनिक टी.वी. सिस्टम का प्रयोग किया जिसमें चित्र भी भेजे गए और प्राप्त भी किए गए। इसके लिए काइंसस्कोप का प्रयोग किया गया।

पहनने-ओढ़ने आदि से जुड़े मसलों में खुद को मॉडल या फिल्मी सितारों की तरह समझने लगते हैं। वे भूल जाते हैं कि मॉडल या फिल्मी सितारे उनके स्टूडियो में एक बार बुलाने पर ही आने को तैयार होते हैं। हमारे एंकर इस पहलू को भूल जाते हैं। वे भूल जाते हैं कि वास्तव में वे पत्रकारिता कर रहे हैं और समाज से उनका जुड़ाव इसी रूप में होना चाहिए।

लेकिन इसके विपरीत होता यह है कि वे खुद को ही उस रूप में रखने लगते हैं। वे जब बाहर निकलते हैं तो ऑटोग्राफ देने लगते हैं। वे यह भूल जाते हैं कि यह तो उनका काम ही है कि वे समाज में जाएँ, उनमें घुलें-मिलें। उसी समाज की खबर आपको देनी है। अक्सर लोग यह भूल जाते हैं कि किसी मॉडल या फिल्मी सितारे या क्रिकेट खिलाड़ी की तरह उनको ऑटोग्राफ देकर छिप नहीं जाना है। उनको तो रोज-रोज उसी समाज को, उसी समाज की खबर देने-सुनाने का काम करना है। यही आपका पेशा है। आप जितना इस समाज से जुड़ेंगे उतनी ही विश्वसनीयता आपकी खबरों में पैदा होगी। आप अगर इसी समाज से दूर जाने लगे तो कहीं आप अपने पेशे से दूर तो नहीं होते जा रहे हैं—एक एंकर के रूप में यह बात भी आपको समझने की जरूरत है। लेकिन बतौर एंकर ट्रेनिंग में आपको पत्रकारिता नहीं सिखाई जाती है, आपको यह सिखाया जाता है कि टी.वी. पर किस तरह दिखना चाहिए, किस तरह से अपने आपको प्रस्तुत करना चाहिए। इसलिए हमारे यहाँ आनेवाले एंकर पत्रकार की तरह नहीं, किसी अभिनेता-अभिनेत्री की तरह व्यवहार करने लगते हैं। समाज से कटने लगता है यह तबका।

□ 1926 में जॉन बेयर्ड ने जब टेलीविजन प्रसारण का पहला सफल परीक्षण किया था तब किसने सोचा होगा कि शताब्दी के ढलते वर्षों में टी.वी. का परदा घर-घर छा जाएगा।

एंकर यानी मिस्टर भरोसेमन्द

भारतीय क्रिकेट टीम के वर्तमान कप्तान राहुल द्रविड़ को 'वॉल' यानी दीवार, संकटमोचन, मिस्टर डिपेंडेबल जैसे अनेक नामों से इसलिए बुलाया जाता है क्योंकि वे संकट के समय अक्सर टीम को उबारने का काम करते हैं। आवश्यकता पड़ने पर ओपनिंग बल्लबाजी से लेकर मध्यक्रम में तीसरे, चौथे, पाँचवें, छठे हर नम्बर पर द्रविड़ ठोस बल्लेबाजी का परिचय दे चुके हैं। यही नहीं एक दिवसीय अन्तरराष्ट्रीय मैचों में भी उन्होंने काफी समय विकेटकीपिंग भी की है। एंकर की भूमिका टी.वी. चैनल में समझ लीजिए कि द्रविड़ की तरह होती है। उसकी असली परीक्षा द्रविड़ की ही तरह विपरीत परिस्थितियों में होती है।

ऊपर चर्चा के दौरान एंकर के लिए हरफनमौला विशेषण का प्रयोग किया गया था। उसकी वास्तविक परीक्षा तब होती है जब कुछ अचानक घटित हो जाता है। टी.वी. की शक्ति और सीमा यही होती है कि वहाँ 24 घंटे लाइव स्थिति बनी रहती है। आपको रोज-रोज इसके लिए तैयार रहना पड़ता है कि पता नहीं कब क्या हो जाए? ऐसे आपातकाल में ही किसी एंकर की वास्तविक परीक्षा होती है।

अपने बारे में बताऊँ तो मैं रोज़-रोज़ अपनी तैयारी इस रूप में ही करके बैठता हूँ कि जैसे बने-बनाए शेड्यूल के हिसाब से कुछ न चल रहा हो, तो ऐसे में क्या करना है। इस सम्बन्ध में संयोग से एक अभूतपूर्व स्थिति आई थी जिससे मेरा वास्ता पड़ा था, उसके बारे में मैं आपको बताऊँगा। यह स्थिति संसद पर हमलेवाली घटना के दौरान

❑ 1928 में ब्रिटिश ब्रॉडकास्टिंग कार्पोरेशन (बीबीसी) की स्थापना हुई, लेकिन बीबीसी का नियमित प्रसारण 1930 में आरम्भ हुआ।

❑ 1936 तक यानी टेलीविजन प्रसारण के पहले दस सालों में दुनिया भर में महज 2000 टी.वी. सेट थे।

आई थी। उस दिन मैं सुबह सात बजे से एंकरिंग कर रहा था। पाँच घंटे की एंकरिंग थी जो 12 बजे पूरी होनी थी। 11:55 मिनट पर यह खबर आई कि संसद पर हमला हो गया है। नया एंकर आया नहीं था। इतनी बड़ी घटना थी कि हर तरफ अफ़रा-तफ़री का माहौल हो गया था।

ऐसी घटना थी वह कि कोई भी एक सेकेंड नहीं खो सकता था। इतना भी मौका नहीं था कि दूसरा एंकर जो आया है उसको तैयार करवाया जाए, ब्रीफ किया जाए। मेरे कान में सबकुछ लगा था। मैं एंकरिंग कर रहा था, इसलिए मुझसे कहा गया कि बैठे रहिए और वह जो एंकर आया था उसे शिफ्ट नहीं दी गई। वह ब्रेकिंग न्यूज़ की ऐसी स्थिति थी कि आपको लगातार उसमें बने रहना था।

मैं पहले ही पाँच घंटे एंकरिंग कर चुका था। 12 बजे सोचा था कुछ नाश्ता वगैरह करूँगा। लेकिन यही एंकरिंग के पेशे की चुनौती है। हमें उस खबर पर बने रहना था और हमारे पास केवल एक सूचना थी कि संसद पर हमला हो गया है। कोई रिपोर्टर नहीं, कोई चैट के लिए नहीं, कोई और सूचना नहीं। भरोसा भी नहीं हो रहा है कि हमला हो गया है, लेकिन खबर है कि हमला हो गया है। एंकर इसी मानसिक अन्तर्द्वन्द्व में फँसा हुआ है। मेरे कान में भी कोई सूचना नहीं आ रही थी। 11:59 पर जाकर पहली सूचना आई। पहले तीन मिनट तक तो मैं संसद के अन्दर की स्थिति को ही बताता रहा क्योंकि वहाँ एंकर को अपनी रचनात्मकता दिखानी थी, अपनी कल्पनाशीलता दिखानी थी कि अगर संसद पर हमला हुआ है तो अन्दर कौन बैठा होता है। आपको यह सब अपने त्वरित दिमाग से करना है, क्योंकि कोई यह बताने नहीं आनेवाला आपको स्क्रीन पर कि आप यह पढ़िए, आप वह पढ़िए। आप स्क्रीन पर दिखाई दे रहे होते हैं और ऐसे हालात में आपको ही स्थिति सँभालनी होती है।

सामने कुछ नहीं है आपके। आप हैं और कैमरा है। आप

उसे एकटक देख रहे हैं। आपकी बॉडी-लैंग्वेज, आपकी पलकें, आपके हाथ, आपकी आवाज़ दर्शकों को बता रही होगी कि आप उस परिस्थिति में कितने कान्फिडेंट हैं, कितना आत्मविश्वास आप दिखा रहे हैं। यह भी अहसास उसी समय हो गया कि ज़रा भी आपकी बॉडी में हरकत हुई, जरा भी आपका आत्मविश्वास डगमगाया कि लोग आपको नहीं देखेंगे, वे चैनल बदल लेंगे। वे समझ जाएँगे कि देश में इतनी बड़ी घटना हो गई है और इसको इस बारे में कुछ पता नहीं है, किसी और चैनल पर चलकर देखते हैं। यह अहसास भी उसी समय हो गया था। यह बात साथ-साथ दिमाग में चल रही थी। इस तरह के मौकों पर आपके अन्दर आत्मविश्वास होना चाहिए।

पता नहीं मेरे अन्दर आत्मविश्वास कितना था, क्या था, मगर 11:55 मिनट से लेकर शाम के साढ़े चार बजे तक बिना किसी ब्रेक के वह एंकरिंग चलती रही। उसके दौरान कई बार ऐसा भी हुआ कि जुबान भी लड़खड़ाई, क्योंकि आखिर लगातार बोलने की भी सीमा होती है। कब तक बोलेंगे, क्या-क्या बोलेंगे और कौन-कौन आ रहे हैं सामने—उसका भी ध्यान रखते चलना है। मेरे मुँह से एक बार गलती से निकल गया कि सात लोग मारे गए हैं, हालाँकि फिर मैंने तुरन्त ठीक किया कि माफ कीजिए सात लोग मारे नहीं गए हैं, घायल हुए हैं। उसके बाद फोन-इन पर इंडिया टुडे के ग्रुप एडीटर प्रभु चावला आए। उन्होंने कहा कि प्रसून आपने कहा था सात लोग मारे गए हैं। मैंने कहा हाँ कहा था, लेकिन फिर मैंने उसको सुधार लिया था—सात लोग घायल हुए हैं। उन्होंने कहा कि हाँ सुधार लिया था। असल में मैं यहाँ संसद के सेन्ट्रल हॉल से बोल रहा हूँ। यहाँ लोग 'आजतक' देख रहे हैं। बाद में मुझे पता चला कि सारे संसद में 'आजतक' ही चल रहा था। लोग और किसी चैनल को नहीं देख रहे थे।

इस एंकरिंग के दौरान बीच-बीच में फोन पर गेस्ट आते रहे, लेकिन बीच-बीच में ऐसे दौर भी आते रहे जब कोई भी

□ 1939 में जब द्वितीय विश्वयुद्ध भड़का, उस समय बीबीसी पर मिकी माउस कार्टून शृंखला का प्रसारण हो रहा था। उस 1 सितम्बर के दिन 'बीबीसी' पर यह प्रसारण बीच में ही रोक दिया गया।

नहीं होता था और उस दौरान आपको बिना किसी स्क्रिप्ट के ही बोलना भी पड़ता था। उस घटना से जुड़े अलग-अलग पहलुओं के बारे में बताते भी चलना था। इसमें एक और बात जो ध्यान रखने की है, वह यह है कि जो कुछ भी सूचनाएँ आपके पास आ रही हैं, जो भी गेस्ट फोन पर आपसे जो कुछ कह रहे हैं, उस सबको आपको ध्यान में भी रखना है, क्योंकि आखिर में आपको ही सारे घटनाक्रम को 'रैप अप' भी करना है।

अब उससे जुड़े किन-किन पहलुओं के बारे में आप बता सकते हैं? अगर संसद पर हमला हुआ है, तो देश में कहाँ-कहाँ रेड अलर्ट किया जा सकता है? किन-किन स्थानों पर पुलिस चौकसी बढ़ा सकती है? दूसरे जो देश के बड़े-बड़े प्रतिष्ठान हैं, वहाँ की क्या स्थिति है? एक एंकर के रूप में आपका दिमाग तुरन्त इन सारे पहलुओं की ओर जाना चाहिए। इस प्रकार की अप्रत्याशित स्थिति में किसी भी तरह के बैकअप पर ज्यादा भरोसा नहीं करना चाहिए। ऐसी परिस्थितियों में ही एंकर की वास्तविक परीक्षा होती है।

अब एक उदाहरण और लीजिए—मान लीजिए कि आडवाणी ने एक बात छेड़ दी कि जब संसद पर हमला हो सकता है, तो हमें देखना होगा कि देश के आणविक ठिकानों की सुरक्षा व्यवस्था कैसी है? उसे भी चौकस बनाना होगा। अब मुझे एंकरिंग करते हुए तुरन्त यह बात बतानी पड़ेगी कि यहाँ-यहाँ देश में परमाणु संस्थान हैं और हम यह जानने की कोशिश करेंगे कि वहाँ सुरक्षा व्यवस्था किस तरह से की गई है। अब 'पीसीआर' में बैठे लोगों के लिए यह संकेत हो गया कि वे तुरन्त वहाँ-वहाँ फोन लगाकर मेरी बात उन राज्यों में उन ठिकानों के आसपास के रिपोर्टरों से कराएँ।

इसी तरह मान लीजिए किसी ने यह कहा कि नेशनल सिक्योरिटी गार्ड को बुलाया जाएगा। तो मुझे तुरन्त उसमें यह जोड़ना पड़ा कि नेशनल सिक्योरिटी गार्ड का मुख्यालय मानेसर में है, जो दिल्ली से सटा हुआ इलाका है, हम कुछ

❑ 1945 में जब युद्ध समाप्त हुआ तब प्रसारण उसी कार्यक्रम के उसी स्थान से आरम्भ हुआ जहाँ 1 सितम्बर 1939 को रोका गया था।

देर में वहाँ भी चलेंगे कि वहाँ किस तरह की तैयारी है। कहने का मतलब यह है कि यह देश पर एक बड़े संकट की घड़ी है—इस बात को आप अपने चैनल पर किस तरह क्रिएट कर पाएँगे—इस बात का ध्यान आपको बराबर रखते चलना है। यह मैंने इसलिए बताया कि आपको इस बात का अन्दाज़ा हो सके कि किस तरह से अप्रत्याशित स्थिति आने पर आपको एंकर के रूप में अपनी जिम्मेदारी को समझना और फिर उसके अनुसार करना होता है। ऐसी घटनाओं का महत्त्व 'एंकर' के लिए ज्यादा बड़ा है। क्योंकि घटना सिर्फ घटनास्थल तक नहीं सिमटी है बल्कि असर व्यापक है। इस खबर में इतनी तेजी है कि हर स्थिति की व्याख्या शब्दों के जरिए एंकर को करनी है। शब्दों की वाक्य रचना भी ऐसी हो जो स्थितियों को विज़ुअलाइज करती जाए। हमला संसद पर हुआ है, असर पाकिस्तान के रिश्तों को लेकर है, संसद भारत का है, चर्चा संयुक्त राष्ट्र से लेकर अमेरिकी व्हाइट हाउस तक है। यानी घटनास्थल के बाहर इसका असर इतना जबरदस्त और व्यापक है कि एंकर हर जगह को कैमरे के जरिए दिखा तो नहीं सकता लेकिन लकीर ऐसी खींचेगा जिस पर सब आकर प्रतिक्रिया दें। यानी खबर बताते हुए आगे की खबर निकालने का काम भी एंकर को ही करते रहना है।

यह अद्‌भुत उदाहरण है इस बात का कि किस तरह से आपके पेशे की बड़ी चुनौतियों में एक यह भी है कि आपको किसी ऐसी स्थिति के लिए हमेशा तैयार रहना पड़ता है जिसके बारे में आपने कभी सोचा भी न हो। आप एंकर हैं या बनना चाहते हैं तो यह मानकर चलिए कि इस तरह की परिस्थिति आपके जीवन में कभी भी आ सकती है। इसी तरह की एक परिस्थिति अमेरिका में घटी 11 सितम्बर, 2001 की घटना है। लेकिन उस घटना और संसद पर हमलेवाली घटना में एक बड़ा फर्क यह है कि 11 सितम्बर में अमेरिका में हुए हमलों की तस्वीरें आपके पास मिनटों में आ गईं। वे विज़ुअल्स इतने शक्तिशाली थे कि उसके सामने आपको कुछ

□ 1939 में ही अमेरिका के लोकप्रिय खेल बेसबॉल का टी.वी. पर प्रसारण हुआ। यह टी.वी. पर प्रसारित होनेवाला पहला खेल था।

कहने की जरूरत ही नहीं थी। उसमें तो हर चैनल पर विजुअल दिखाए जा रहे थे और उसके साथ-साथ कमेंटरी चल रही थी। यह एक तरह की ऐसी स्थिति थी जिसको सँभालने का काम एंकर को करना पड़ता है।

□ 1950 में अमेरिका में नियमित रूप से केवल के माध्यम से टी.वी. का प्रसारण आरम्भ हुआ। आज अमेरिका के 90% से भी अधिक घरों में टी.वी. सेट हैं। 13% परिवारों में एक से अधिक टी.वी. सेट हैं।

सिस्टम फेल की अवस्था में एंकरिंग

टेलीविजन का माध्यम तकनीक-आधारित माध्यम है। अखबार में तो यह हो सकता है कि किसी तकनीकी कारणवश कोई अखबार किसी दिन नहीं छप पाए तो आप अगले दिन के अखबार में माफी माँगकर काम चला लेंगे। लेकिन कभी आपने यह सोचा है कि टेलीविजन के समाचार चैनल पर तो 24 घंटे प्रसारण चलता रहता है, उनमें भी तो तकनीकी खराबी कभी आती होगी? ऐसे में क्या होता है? क्या प्रसारण बन्द कर दिया जाता है? ऐसा तो कम ही दिखाई पड़ता है। ऐसे चैनल जिनमें समाचारों के अलावा प्रोग्रामिंग भी होती है, वहाँ तो ऐसी स्थिति में पुराने कार्यक्रमों के टेप चला दिए जाते हैं। आपने देखा होगा कि 'एनडीटीवी इंडिया' चैनल पर अक्सर पुराने प्रसारित कार्यक्रमों का प्रसारण होता रहता है। लेकिन समाचार आधारित चैनलों के लिए इस तरह की किसी तकनीकी खराबी के कारण जब सिस्टम फेल होता है तब एंकर को संकटमोचक की भूमिका में आना पड़ता है।

मैं आपको इस सम्बन्ध में अपने से जुड़ी एक घटना बताता हूँ। मेरे साथ ऐसा कई बार हुआ है जब सिस्टम फेल हो गया है। कश्मीर में चुनाव के लिए वोटिंग होनेवाली थी। उस दिन मुझे सुबह-सुबह छह बजे एंकरिंग के लिए बुलाया गया था। कहा गया था कि कश्मीर टीआरपी नहीं देता है, इसलिए हम कश्मीर पर ज्यादा केन्द्रित नहीं करेंगे। बीच-बीच में हम वहाँ जाते रहेंगे, लेकिन खबरें सामान्य दिनों की तरह ही चलती रहेंगी। हम कश्मीर पर केन्द्रित नहीं करेंगे। लेकिन मैं चूँकि कश्मीर जाता रहा हूँ, इसलिए मैंने अपनी तरफ से

□ 1957 में सोवियत संघ ने पहले भू-आधारित उपग्रह स्पुतनिक को सफलतापूर्वक उपग्रह में स्थापित किया जिसने उपग्रह आधारित टी.वी. प्रसारण का रास्ता साफ किया।

चुनावों को लेकर कुछ आँकड़े वगैरह देख लिए थे। इस खयाल से कि बीच-बीच में बताता चलूँगा। मन-ही-मन कश्मीर को लेकर मैंने एक तैयारी कर ली थी।

जब ऑफिस पहुँचा तो पता चला कि सारा सिस्टम फेल है। कुछ ऐसी तकनीकी खराबी आ गई है कि कुछ भी पता नहीं चल पा रहा है। रेकार्डिंग का जो टेप चल रहा था उसके खत्म होते ही छह बजने वाले थे। उसके बाद मुझे लाइव आना था। लेकिन चलाने के लिए कुछ भी नहीं था। यहाँ तक कि हेडलाइन तक नहीं चलाई जा सकती थी। लाइव चलाने के अलावा कुछ भी और नहीं चल रहा था। और लाइव की वह स्थिति भी अचानक आ गई थी।

ठीक छह बजे मैं स्क्रीन पर लाइव आने लगा। आते ही मैंने कश्मीर के बारे में बताना शुरू किया। कुछ भी नहीं दिखा सकते थे, इसलिए बोलकर बताना शुरू किया। इतने चुनाव क्षेत्र हैं, घाटी में कहाँ-कहाँ किसका जोर है? क्या कुछ हो सकता है? हेडलाइन दिखाने की स्थिति भी नहीं थी, इसलिए मेरे कान में यह मैसेज आया कि तीन हेडलाइन्स बोल दूँ। एक कश्मीर के चुनाव को लेकर और दो अन्य। मैंने बोल भी दिया। कश्मीरवाली हेडलाइन तो मुझे याद भी है कि कश्मीर में आज विधानसभा के लिए वोटिंग, जिसमें 70 में से 45 विधानसभा क्षेत्रों पर मतदाताओं से अधिक सेना की नज़र।

कहाँ तो हमने यह तय कर रखा था कि कश्मीर तो टीआरपी देता नहीं है इसलिए उसको नहीं दिखाना है, लेकिन अचानक इसकी परिस्थिति से यह हुआ कि कश्मीर की दिशा में ही चैनल के साथ मैं निकल पड़ा। व्यावहारिक समस्या थी कि हम और कुछ दिखा नहीं सकते थे। इतनी सुबह किसी को बुला नहीं सकते थे। उस दिन कश्मीर में चुनाव था और वहीं के रिपोर्टर तैयार मिल सकते थे। वहाँ 'आजतक' के छह रिपोर्टर थे। हम एक-एक पहलू के बारे में बारीकी से चर्चा करने लगे। वास्तविकता यह थी कि हमारे पास टाइम पास

❑ **1960 में पहली बार अमेरिकी चुनाव में चुनावी बहस हुई। कैनेडी की बहसों को पहली बार टी.वी. पर दिखाया गया। कहते हैं, उस साल चुनाव जीतने में जनता के अलावा टी.वी. ने भी कैनेडी की मदद की थी।**

करने के लिए और कुछ भी नहीं था। तकनीकी खराबी की हालत आ गई थी। लेकिन हम कश्मीर पर इस तरह चर्चा कर रहे थे मानो हमने उसी पर केन्द्रित कर रखा हो। एंकरिंग करने में हर कदम पर इसी तरह की एक न एक नई चुनौती आती रहती है। आपको उससे निकलने की राह उसी वक़्त निकालनी पड़ती है। अतिरिक्त सोचने का समय भी नहीं होता है।

सुबह के नौ बजते-बजते हालात ये हो गए कि बाकी चैनलों को लगा कि कश्मीर इतना बड़ा मुद्दा किस तरह बन गया और धीरे-धीरे सारे न्यूज़ चैनल कश्मीर की ओर शिफ्ट कर गए। हमारी स्थिति यह थी कि हम दस बजे तक विज़ुअल दिखाने की स्थिति में नहीं थे। यह जरूर हुआ कि आठ बजे हमने स्टूडियो में एक मेहमान बुला लिया। बाकी हम रिपोर्टरों से बातचीत करते रहे, विश्लेषण करते रहे। ग्यारह बजे तक सब ठीक हो गया। साढ़े ग्यारह बजे ब्रेक हुआ और मैं उठकर चला गया। दरअसल यह परम्परा हर चैनल में है भी नहीं कि सिस्टम फेल हुआ तो एंकर के भरोसे चैनल 'लाइव' करता रहे। मैं 'एनडीटीवी' को शुरू करनेवाली टीम का हिस्सा रह चुका हूँ। वहाँ सिस्टम फेल होने पर अक्सर पुराने प्रोग्राम की रिकार्डिंग चलाने का चलन है। जब पहली बार स्टूडियो में मेरी रिकार्डिंग करने के दौरान सिस्टम बिगड़ा तो पीसीआर ने मुझे कान में निर्देश दिया कि ब्रेक का ऐलान कीजिए। हम पुराने प्रोग्राम चलाएँगे। मैंने न सिर्फ विरोध किया बल्कि उस वक़्त की किसी घटना का पाँच मिनट तक विश्लेषण कर यह ऐलान करते हुए ब्रेक किया कि ब्रेक से लौटते ही इस बारे में अपने रिपोर्टर से बात करेंगे। फिर पीसीआर के पास भी कोई चारा नहीं था। लगभग डेढ़ घंटे तक मैंने इसी तर्ज पर लाइव किया। फिर मशीन ठीक हुई और पैकेज की क्लिप चलने लगी तो सबकुछ पटरी पर लौटा। ज़ाहिर है यह सब एंकर के मूड, उसकी समझ, मानसिकता और अनुभव पर ही निर्भर है कि वह ऐसी स्थिति को कैसे सँभालता है। मेरे रहते

□ 22 नवम्बर 1963 को राष्ट्रपति कैनेडी की हत्या के साथ अमेरिका में टी.वी. के नियमित प्रसारण रोक दिए गए और उनकी हत्या से जुड़ी खबरों का प्रसारण किया जाने लगा। 24 नवम्बर को टी.वी. के कैमरों

‘एनडी टी.वी.’ इंडिया में फिर कभी भी सिस्टम फेल हुआ तो पीसीआर खुश होता कि मैं स्टूडियो में हूँ। एक मुहावरा भी वहाँ चल निकला—“जब सिस्टम बैठता है तो प्रसून खड़ा हो जाता है।”

इस घटना को बताने के पीछे मेरा उद्देश्य यह है कि आपको इसका अन्दाज़ा हो सके कि किस-किस तरह की परिस्थितियाँ एक एंकर के सामने आ सकती हैं और उसको किस तरह उन परिस्थितियों का मुकाबला करना पड़ता है। आपको हर रोज़ किसी भी तरह की चुनौती के लिए तैयार रहना चाहिए।

ने एक और हैरतअंगेज घटना का सीधा प्रसारण किया। इस रोज जैक रूबी नामक व्यक्ति ने कैनेडी के संभावित हत्यारे ली हार्वी ओसवाल्ड की हत्या टी.वी. कैमरों के सामने कर दी। 25 नवंबर को कैनेडी की

लाइव एंकरिंग की सीमा-रेखा

अगर आप याद करें कि चुनाव का अवसर हो या इसी तरह कोई दूसरी अप्रत्याशित स्थिति आ जाने पर घंटों-घंटों लाइव एंकरिंग करनी पड़ती है। जरूरी नहीं है कि यह अवस्था सिस्टम फेल होने के ही कारण आती है, कई बार चैनलों की प्रोग्रामिंग ही ऐसी होती है कि आपको लगातार घंटों लाइव एंकरिंग करनी पड़ सकती है। आइए, इसको एक उदाहरण द्वारा समझने की कोशिश करें।

'एनडीटीवी' से 'आजतक' चैनल में लौटकर मैंने एक कार्यक्रम प्रस्तावित किया था 'सौ घंटे सौ रिपोर्टर'। यह आइडिया चैनल को जम गया। सौ घंटे तक 'आजतक' लाइव रहा था और सौ रिपोर्टर इस दौरान देश भर में उसके लिए काम कर रहे थे। इस दौरान सौ घंटे लगातार लाइव चलता रहा। रात में भी रेकॉर्डिंग नहीं चली। योजना यह बनी थी कि वोटिंग खत्म होने से लेकर परिणाम आने तक हम लाइव रहेंगे। इस तरह से 'सौ घंटे सौ रिपोर्टर' का यह कार्यक्रम हमने किया। यह वक़्त 2004 के लोकसभा चुनाव का था।

कार्यक्रम तय तो हो गया, लेकिन सिर्फ तय कर देने से ही तो सबकुछ सफलतापूर्वक सम्पन्न नहीं हो जाता है। उसके लिए हर स्तर पर कल्पनाशीलता की बड़ी आवश्यकता होती है। सौ घंटे सौ रिपोर्टर आपने सोच तो लिया कि कार्यक्रम करेंगे। लेकिन जरा इस स्थिति के बारे में सोचिए कि रात के तीन बजे या सुबह के तीन बजे आप क्या दिखाएँगे? उस रात तीन बजे जहाँ बैलेट बॉक्स रखे गए थे, उसके बाहर तैनात चौकीदारों से हम बात कर रहे थे, उनको दिखा रहे

अन्तिम यात्रा का भी टी.वी. के जरिये सीधा प्रसारण किया गया। कैनेडी की हत्या से जुड़ी घटनाओं का प्रसारण 72 घंटे तक किया गया और इस बीच असंख्य अमेरिकी घरों में टी.वी. सेटों का आगमन हुआ।

थे। हम उनसे चर्चा कर रहे थे कि इतनी रात को रात-रात भर जागकर आप सुरक्षा में लगे रहते हैं—कोई लूटकर ले जाएगा तो आप क्या करेंगे? इसी तरह वहाँ आसपास जो सुरक्षाकर्मी थे या कोई पार्टी का कार्यकर्ता वहाँ बैठा है तो उससे भी चर्चा की हमने। कहने का तात्पर्य है कि कितने पहलू हो सकते हैं चुनाव सम्पन्न होने और मतदान शुरू होने के दरम्यान—हमने हर उस पहलू की चर्चा की। उससे जुड़े छोटे से छोटे आदमी के पास हम गए, उसकी राय जानने की हमने कोशिश की।

यही नहीं पूरे कार्यक्रम को यानी इस कार्यक्रम के सौ घंटों को डिज़ाइन किया गया। मान लीजिए 11 बजे रात में 'आजतक' पर 'मेट्रो' कार्यक्रम आता है। इसमें मेट्रो का मतलब मुम्बई होता है, तो उस रात मेट्रो में हमने फिल्मी कलाकारों से चुनाव को लेकर बातचीत की। उन कलाकारों से जो या तो राजनीति से जुड़े हैं या उनका उस तरफ झुकाव है या वे कलाकार जो राजनीति में रुचि रखते हैं। हमने उस चुनाव को लेकर ऐसे ही कलाकारों से बातचीत की। मुझे अच्छी तरह याद है कि अभिनेता आशुतोष राणा ने बड़ी शानदार भाषा में राजनीति को लेकर बातचीत की थी।

अब इस तरह के कार्यक्रम की जो भी योजना बनती है उसको कार्यरूप देनेवाले एंकर्स की शैली भी अलग होनी चाहिए। जब ऐसे मौके आते हैं तो ऐसा नहीं है कि कोई ऐसे वक़्त के लिए ट्रेनिंग देने आए, बल्कि आपको स्वयं ही देखना होता है, करना होता है। अगर 'सौ घंटे सौ रिपोर्टर' नामक इस कार्यक्रम के सन्दर्भ में बात करें तो इसकी आरम्भिक और आखिरी एंकरिंग मैंने ही की थी। बीच-बीच में और एंकर भी आते रहे। लेकिन आरम्भ करते हुए मैंने इसकी पूरी रूपरेखा प्रस्तुत की कि किस तरह से सौ घंटे के दौरान हम लगातार चुनाव से जुड़ी चर्चा करते रहेंगे। इसी तरह इसका अन्त करते समय मैंने बताया कि इन सौ घंटों के दौरान क्या-क्या हुआ, किस तरह हुआ, हमारे क्या-क्या अनुभव रहे।

❑ 1965 में वियतनाम युद्ध ऐसा पहला युद्ध बना जो टी.वी. के जरिये दिखाया गया। इसी साल एशिया-अमेरिका उपग्रह आधारित प्रसारण आरम्भ हुआ।

बीच-बीच में और एंकर आते रहे। ऐसा भी नहीं है कि हम समाचार नहीं दिखा रहे थे। खबरें भी सामान्य तरीके से आ रही थीं। लेकिन इस कार्यक्रम की जो असली चुनौती थी वह यह थी कि चाहे जो भी आप दिखा रहे हों, प्रोग्राम में यह फ़ील बनी रहनी चाहिए कि जो कुछ भी दिखाया जा रहा है वह 'सौ घंटे सौ रिपोर्टर' प्रोग्राम का ही हिस्सा है। उस प्रोग्राम की एंकरिंग की यह चुनौती थी जिसको स्वीकार किए बिना कार्यक्रम की सफलता तय नहीं की जा सकती थी। मेरा कहना है कि इस तरह की स्थितियाँ भी एंकर को एंकर बना देती हैं।

इससे जिस बात पर मैं जोर देना चाहता हूँ वह यह कि यह कतई जरूरी नहीं है कि एंकर सिर्फ अपनी ट्रेनिंग से, अपने सामाजिक सरोकारों से एंकर बनता है। टेलीविजन में ऐसी परिस्थितियाँ आती हैं जो मजबूर करती हैं आपको। आपकी एंकरिंग को ऐसी परिस्थितियों में ही विस्तार मिलता है, उसके आयाम खुलते हैं। इसलिए आप पाएँगे कि इस तरह की स्थितियों में चैनल से जुड़े वरिष्ठ एंकर कमान सँभाल लेते हैं।

□ 1969 में चाँद पर केवल तीन लोगों के कदम ही नहीं पड़े, इसी साल टी.वी. भी उनके साथ चाँद पर पहुँचा।

चैनल चैनल कितने एंकर

आपकी दिलचस्पी यह जानने में हो सकती है कि किसी चैनल में आखिर कितने एंकर होते हैं? या फिर आपको यह लगता हो कि क्या अलग-अलग विषय के हिसाब से एंकर होते हैं या चैनल में अलग-अलग आयु वर्ग के हिसाब से एंकर रखे जाते हैं? आखिर 24 घंटे के एक समाचार चैनल में कितने एंकर होते हैं? कितने होने चाहिए? एंकर में स्त्री-पुरुष अनुपात का भी चैनलों की ओर से ध्यान में रखा जाता है क्या? इस तरह के कई सवाल चैनल और उससे जुड़े एंकर को लेकर आपके भी मन में उठते होंगे? आखिर उनके बीच काम का विभाजन किस तरह से होता होगा?

इसको टेलीविजन चैनलों के समय के हिसाब से समझा जा सकता है। सबसे पहले प्राइम टाइम होता है—रात में 9 से 12 तक, यह माना जाता है कि इस दौरान टी.वी. सबसे अधिक देखा जाता है। उसके बाद जो दूसरी अवधि होती है वह सुबह 7 बजे से 10 बजे के बीच की अवधि होती है। तीसरी अवधि होती है शाम 7 से 9। ये तीन समय-अन्तराल ऐसे होते हैं जिसको प्राइम टाइम के लिहाज से देखा जाता है। यह माना जाता है कि इस दौरान दर्शक टी.वी. अधिक देखते हैं। दोपहर के समय को लीन पीरियड माना जाता है। इस दौरान दर्शक टी.वी. कम देखते हैं। इसलिए एंकरिंग के लिए टी.वी. चैनलों पर इस दौरान ऐसे लोगों को लाया जाता है जिनको या तो एंकर बनना है या एंकरिंग के लिए तैयार करना है। लीन पीरियड यानी दिन के 10 बजे से लेकर शाम के 5 बजे तक आप देखते होंगे कि इसी तरह की स्थिति

□ 20 जुलाई 1969 को जब चाँद से टी.वी. का प्रसारण हुआ तो उसे दुनियाभर में करीब 60 करोड़ लोगों ने देखा।

रहती है।

हालाँकि इस स्थिति में भी पिछले एकाध साल में काफी बदलाव आया है। टी.वी. चैनलों में टीआरपी की लड़ाई इतनी तेज हो गई है कि वे इसमें किसी भी बिन्दु पर किसी भी पहलू में कमजोर नहीं होना चाहते हैं। इसीलिए आप देखेंगे कि दोपहर में भी उस पर प्राइम टाइम के एंकर आने लगे हैं। स्टार इसका बेहतरीन उदाहरण है। उसके अलावा 'एनडीटीवी इंडिया' है, जहाँ पर दिन में भी प्राइम टाइम के एंकर दिखाई दे जाते हैं। कई चैनलों में यह स्थिति अभी नहीं आई है। वैसे कुल मिलाकर यही साँचे होते हैं जिनके अन्तर्गत एंकर्स को बाँटकर देखा जाता है।

अब जहाँ तक यह सवाल है कि एक चैनल पर आम तौर पर कितने एंकर होने चाहिए। इस सम्बन्ध में व्यावहारिक तौर पर यह माना जाता है कि किसी भी एंकर को दिन भर में 3 घंटे से ज्यादा स्क्रीन पर नहीं दिखाई देना चाहिए। आदर्श स्थिति तो यही मानी जाती है। इसके आधार पर अगर चैनल का साइकल देखें तो सुबह 6 बजे से रात के 12 बजे तक लगातार एंकर बदलते रहते हैं। इस तरह से 18 घंटे के कार्यक्रम के लिहाज से 6 एंकर हुए और चूँकि एंकर वैकल्पिक तौर पर बदलते रहते हैं, इस लिहाज से 10 एंकर का होना अच्छा माना जाता है। इतने एंकर तो होने ही चाहिए।

इस तरह इसमें भी यानी इन 10 एंकरों में भी तीन तरह के एंकर होते हैं। एक जिनकी पहचान एंकर की होती है, दूसरे एंकर होते हैं जो केवल खबर पढ़कर चले जाते हैं। इसके अलावा आजकल एक और तरह के कार्यक्रमों का चलन बढ़ा है। जैसे 'आजतक' चैनल पर विशेष जैसे कार्यक्रम नियमित हुए हैं जिनके अन्तर्गत किसी एक तात्कालिक महत्त्व के विषय को हर कोण से मथा जाता है। इस तरह के कार्यक्रमों में आमतौर पर उस रिपोर्टर को ही एंकर बनाकर पेश किया जाता है जिसकी पहचान उस विषय से होती है। मसलन, वह ख़बर, जिस पर आधे घंटे का विशेष कार्यक्रम

❑ 1972 में म्यूनिख ओलम्पिक खेलों का सीधा प्रसारण किया गया, जिसे करीब 45 करोड़ दर्शकों ने देखा। 1973 तक संसार के 96 देशों में नियमित टी.वी. प्रसारण होने लगा।

पेश किया जाना है तो उसे वही एंकर पेश करता है जो अपराध से सम्बन्धित ख़बरें देता है। जैसे अगर 'आजतक' की बात करें तो उस पर ऐसे कार्यक्रम को अपराध की ख़बरों की रिपोर्टिंग करनेवाले दीपक शर्मा प्रस्तुत करेंगे। उसी तरह अगर भाजपा की किसी खास ख़बर पर विशेष प्रस्तुत किया जाएगा, तो उसे वह व्यक्ति पेश करेगा जिसकी पहचान भाजपा से जुड़ी ख़बरों की रिपोर्टिंग करनेवाले की है। उस तरह के प्रयोगों के द्वारा भी वैकल्पिक एंकर तैयार किए जाते रहे हैं।

लेकिन इस तरह के प्रयोग, इस तरह की प्रक्रिया के बावजूद हर चैनल में कम से कम छह एंकर ऐसे होते हैं जिनको स्क्रीन पर देखते ही आप समझ जाते हैं कि यह एंकर है यानी उनकी पहचान एंकर के रूप में होती है। यह स्थिति काम करने के लिए सबसे आदर्श मानी जाती है। एंकरिंग एक पेशेवर काम है, इसलिए नियमित एंकर रखने जरूरी समझे जाते हैं। हमारे यहाँ अभी ऐसी स्थिति नहीं आई है कि अलग-अलग विषयों, अलग-अलग क्षेत्रों के विशेषज्ञ एंकर के रूप में रखे जाएँ, लेकिन विदेशों के बड़े चैनलों पर मौसम, फैशन, खेल, सिनेमा, कला सबके अलग-अलग विशेषज्ञ एंकर होते हैं।

□ आज सारे चैनलों की लड़ाई दर्शकों का रिमोट कंट्रोल काबू में करने की है। रिमोट कंट्रोल का आविष्कार 1956 में रॉबर्ट एडलर ने किया था।

एंकर ही दिखता है

वास्तव में टेलीविजन वही है जो दिखाई देता है। यह सिनेमा की तरह लोगों की कल्पना को साकार करने का माध्यम नहीं है, बल्कि इस भागमभाग भरी जिन्दगी में टी.वी. इन्सान का संगी-साथी बन चुका है। छोटा हो या बड़ा, टेलीविजन इन्सान के साथ घर बदलता है, जब नौकरी के सिलसिले में वह एक शहर से दूसरे शहर जाता है तो भी उसका टी.वी. उसके साथ होता है। आज ऐसे घर अपवाद के रूप में देखे जाते हैं जहाँ टी.वी. न हो। टी.वी. ने घर-घर ऐसी पहुँच, ऐसी विश्वसनीयता इस कारण बनाई है क्योंकि इसका सम्बन्ध वास्तविकता दिखाने से है। समाचार चैनलों के सम्बन्ध में तो यह और भी सार्थक तरीके से कहा जा सकता है। जो होता है, यह उसको दिखाने का माध्यम है। लेकिन उसको दिखाते हुए आपको दर्शकों से सम्बन्ध भी बनाना होता है।

टेलीविजन चैनल का दर्शकों से सम्बन्ध बनाने का काम एंकर करते हैं। इसलिए एंकर कैसा दिखता है यह भी महत्वपूर्ण हो जाता है। दिखने का मतलब यह नहीं है कि एंकर दिखने में कैसा है या कैसी है, उसकी कद-काठी क्या है? यहाँ दिखने का सम्बन्ध एंकर की समझ से है। क्योंकि टेलीविजन एक ऐसा माध्यम है जिसमें कोई रीटेक नहीं होता। इसलिए चैनल की और उस पर दिखाए जानेवाले कार्यक्रम की विश्वसनीयता इसी से पैदा होती है, क्योंकि एंकर उसे विश्वसनीय तरीके से प्रस्तुत कर रहा होता है। लेकिन समझ के साथ एंकर की अपनी प्रस्तुति भी खासी मायने रखती है। प्रस्तुति का मतलब है स्क्रीन पर वह कैसा दिखाई देता है।

□ 15 सितम्बर 1959 को भारत में औपचारिक तौर पर टेलीविजन प्रसारण की शुरुआत की गई। तब यह प्रसारण प्रायोगिक तौर पर आरम्भ किया गया था। टेलीविजन प्रसारण को तब कितना कम महत्त्व दिया

जाता था, इसका अंदाज़ा इससे लगाया जा सकता है कि तब टेलीविजन प्रसारण रेडियो स्टेशन से किया जाता था। यूनेस्को से इस सम्बन्ध में सरकार को अनुदान मिला था।

सीधे कहें तो उसका पहनावा। चूँकि टी.वी. किसी घर के ड्राइंगरूम या बेडरूम में होता है तो एंकर को सुंदर लगना ही चाहिए। यानी इतना चमक-दमक या भड़कीला न हो जिससे यह लगे कि 'रामलीला' देख रहे हैं। साथ ही अगर किसी खास विषय पर कोई कार्यक्रम/प्रोग्राम है तो एंकर का पहनावा उसके अनुकूल हो ही जाता है। यकीन मानिए इसमें देखनेवालों की आँखों पर, सौन्दर्य को लेकर उसकी समझ पर खासा अच्छा प्रभाव पड़ता है जिससे विश्वसनीयता बढ़ती ही है।

टी.वी. कैमरा एंकर के मुताबिक ही काम कर रहा होता है। आप यह भी कह सकते हैं कि एंकर कैमरे के मुताबिक ही काम कर रहा होता है। यानी चाहे समाचार पैकेज को पेश करना हो या किसी से बातचीत, कैमरे का प्वाइंट ऑफ व्यू एंकर के ही अनुसार तय होता है। इसलिए यह बड़ा जरूरी हो जाता है कि एंकर के कपड़ों से भी दर्शकों में यही बात ध्वनित हो कि सबकुछ वास्तव में उसी के नियन्त्रण में घटित हो रहा है। वही प्रस्तुतकर्ता है। वही सूत्रधार है। यह सच्चाई हो सकती है कि एंकर जो कुछ भी प्रस्तुत कर रहा हो, जो भी दिखा रहा हो उसके पीछे अलग-अलग स्तरों पर बहुत सारे लोग काम कर रहे हों, प्रोड्यूसर होते हों, डेस्क पर बैठे लोग हों। लेकिन असलियत यही है कि दिखाई बस एंकर ही देता है। इसलिए जरूरी है कि वह ऐसा दिखे कि उसे देखकर दर्शक भी खुद को उससे जोड़ ले।

सादगी में आकर्षण दिखने की बात एंकर के लिए कही जाती है। आमतौर पर पुरुष एंकर के लिए सूट और महिलाओं के लिए साड़ी या सलवार-कुर्ता भारतीय दर्शकों के लिए सबसे उचित माना जाता है। ऐसा कोई ड्रेस-कोड तो किसी चैनल में नहीं होता है, लेकिन प्रतियोगिता के इस दौर में बाजार का दबाव भी काम करने लगता है और हर चैनल यह तो चाहता ही है कम-से-कम कि उसका एंकर प्रतियोगी एंकर से ज्यादा आकर्षक, ज्यादा चमकदार दिखे।

आपको यह जानकर कुछ आश्चर्य होगा कि बाजार के इस चमक-दमक के दौर में अनेक चैनल अपने एंकर के पहनने-ओढ़ने को लेकर प्रयोग भी करने लगे हैं। 'स्टार न्यूज़' ने सबसे पहले इसकी शुरुआत की थी। उसने बाकायदा एक फैशन डिजाइनर की नियुक्ति भी की। वास्तव में 'स्टार न्यूज़' जब समाचार के क्षेत्र में आया तो उसके ध्यान में दूसरी दुनिया थी। याद रहे कि वह पहला समाचार चैनल था जिसका मुख्यालय मुम्बई में था। ज़ाहिर है, उसकी नजर में ग्लैमर, फैशन की चकाचौंध थी। बाजार की तड़क-भड़क थी। उसके सामने विज्ञापन का अपार संसार था इसलिए उसने न केवल फैशन-डिजाइनर रखे, बल्कि अपने यहाँ बाकायदा मेकअप से जुड़े आर्टिस्ट भी रखे।

उसके पीछे सोच यह थी कि न सिर्फ एंकर, बल्कि रिपोर्टर को भी खास तरीके का दिखना चाहिए। इसलिए वे मेकअप के लोगों को रिपोर्टर के साथ फील्ड में भी भेजने लगे। वास्तव में स्टार एक अन्तरराष्ट्रीय दृष्टिकोण के साथ भारत में समाचार चैनल लेकर आया था। उसे लगता था कि हमारे एंकर-रिपोर्टरों का 'लुक' इंटरनेशनल होना चाहिए। एंकर-रिपोर्टर्स की दाढ़ी-मूँछें कटवा दी गईं।

लेकिन यह प्रयोग चला नहीं। जो बात सबसे ध्यान रखनेवाली है इस सन्दर्भ में वह यह है कि भारत में टेलीविजन एक सामाजिक माध्यम भी माना जाता है। मनोरंजन चैनलों पर भी वही धारावाहिक दर्शकों के बीच लोकप्रिय हो पाते हैं जिनमें समाज को जोड़े रखने की भरपूर सम्भावना होती है—चाहे धार्मिक पौराणिक धारावाहिक हों या सास-बहू मार्का सोप-ऑपेरा। इसी तरह समाचार चैनलों को भी लोग अपने प्रतिनिधि के तौर पर देखते हैं। जितना ही किसी चैनल के एंकर-रिपोर्टर उसे अपने जैसे दिखाई देते हैं उतना ही वह चैनल उसे विश्वसनीय लगने लगता है। इसीलिए जब किसी चैनल पर उसे मॉडल की तरह एंकर-रिपोर्टर दिखाई देने लगे, तो उसे वे रोबो की तरह दिखाई देने लगे। इसी कारण यह

□ छह साल बाद यानी 1965 में भारतीय टेलीविजन पर एक घंटे का नियमित प्रसारण समाचार के रूप में होने लगा लेकिन 1976 तक वह आकाशवाणी का ही हिस्सा बना रहा।

❑ 1962 में दिल्ली एकमात्र टी.वी. प्रसारण केन्द्र था और देश में मात्र 41 टी.वी. सेट थे। 1972 में टी.वी. का दूसरा प्रसारण केन्द्र मुम्बई में खोला गया। तीसरा दूरदर्शन केन्द्र 1973 में कश्मीर में खोला गया।

प्रयोग नहीं चल पाया।

इसी तरह समाचार चैनल के 'लुक' को अपमार्केट बनाने के दृष्टिकोण से भी कई तरह के प्रयोग किए जाने लगे हैं। आजकल समाचार चैनलों पर विशेषीकृत यानी स्पेशलाइज्ड कार्यक्रमों का दौर खूब चल पड़ा है। किसी महत्त्वपूर्ण घटना के हर पहलू को लेकर अक्सर आधे-आधे घंटे के विशेष कार्यक्रम दिखाने का चलन समाचार चैनलों पर नया है। इसी तरह आजकल ऑटो एक्सपो भी समाचार चैनल पर कवर किए जाने लगे हैं। फैशन शो भी दिखाए जाने लगे हैं। इस तरह के कार्यक्रमों की एंकरिंग बाहर जाकर यानी जहाँ शो चल रहा है वहीं से होती है और ज़ाहिर है कि इस तरह की एंकरिंग में एंकर के कपड़ों, उसके लुक को लेकर पर्याप्त प्रयोग हर चैनल में दिखाई देने लगा है।

इसी तरह आजकल 15 अगस्त 26 जनवरी को भी पहनने-ओढ़ने में तिरंगे के तीन रंगों का ध्यान रखा जाता है, एंकर को गांधी टोपी पहना दी जाती है या उनको कुर्ता-पाजामे में दिखाया जाता है। कोशिश यही होती है कि एंकर उस अवसर के अनुकूल लगे। वह स्वतन्त्रता दिवस, गणतन्त्र दिवस जैसे आयोजनों के महत्त्व को अपने पहनने-ओढ़ने से भी दिखा सकनेवाला होना चाहिए।

इस तरह के जो प्रयोग समाचार चैनलों ने किए उन्हें समाज ने स्वीकार कर लिया। फैशन शो को दिखाते हुए एंकर के कपड़े कुछ उत्तेजक हो गए, तो समाज ने उनको भी स्वीकार कर लिया। इस तरह के अवसर के अनुकूल किए गए प्रयोग समाचार चैनल के दर्शकों में अगर स्वीकार कर लिए गए, तो इसके भी अपने कारण हैं। एक तो ग्लैमर और फैशन भारतीय समाज की रोज़मर्रा का हिस्सा नहीं है, इसलिए कभी-कभार उससे जुड़े कार्यक्रम जब दिखाए जाते हैं तो उसके एंकर के कपड़े भी अगर उस कार्यक्रम के अनुकूल होते हैं तो दर्शक उसे उस प्रोग्राम को उसी युवावर्ग से जोड़कर देखने लगता है, जो ग्लैमर और फैशन से जुड़ा है, जिसके

सपने इस दुनिया में साकार होते हैं।

लेकिन इसको लेकर भारत में, खासकर हिन्दी समाचार चैनलों की स्थिति को देखें तो इसमें एक संकट की स्थिति भी दिखाई देने लगती है। हमारे समाचार चैनलों में ऐसा नहीं होता कि ऐसे मौकों पर उन कुछ खास लड़कियों से एंकरिंग कराई जाती हो। किसी चैनल के प्रमुख एंकरों में जो लोग होते हैं, उनको ही इस तरह के कार्यक्रमों की एंकरिंग करने के लिए भड़कीले पोशाकों में, सेक्सी लुक के साथ भेज दिया जाता है। इस बात की कोई परवाह नहीं करता कि इसके क्या परिणाम हो सकते हैं। इसका क्या प्रभाव पड़ सकता है?

टेलीविजन समाचार चैनलों में संकट की स्थिति इस कारण नहीं पैदा होती कि फैशन शो या ऑटो एक्सपो जैसे कार्यक्रम उस पर दिखाए जाते हैं। दिखाए जाने में कोई आपत्ति नहीं हो सकती। आखिर समाज का एक बड़ा तबका इसके बारे में जानने में रुचि रखता है। लेकिन मुश्किल इस कारण पैदा हो जाती है कि इस तरह के प्रयोग एंकर पर किए जाते हैं जबकि इससे किसी एंकर की पेशेवर छवि भी प्रभावित होती है, उसका पेशा प्रभावित होता है, दर्शकों के अन्दर भी उसकी विश्वसनीयता प्रभावित होती है। दर्शक जब उस एंकर को ग्लैमरस रूप में देखता है तो बाद में उसके लिए यह विश्वास कर पाना कठिन होता है कि यही एंकर किस तरह हमारी बात करेगा, जबकि यह ग्लैमर और फैशन की दुनिया में घुल-मिल रहा है, बड़ी-बड़ी गाड़ियों की खूबियाँ बता रहा है। मुझे लगता है कि ऐसे में विश्वास दरकता है लोगों का।

लेकिन यह तो विशेष कार्यक्रमों की बात हो गई। इसके पीछे सोच यही काम कर रही होती है कि विशेष कार्यक्रमों को विशेष तरीके से दिखाया जाना चाहिए। इसके अलावा सामान्य रूप से टेलीविजन के एंकर के पहनने-ओढ़ने को लेकर कुछ बुनियादी चीजें होती हैं, जिनका पालन मुझे लगता है कि हर किसी को करना चाहिए। पहनने-ओढ़ने के सम्बन्ध

□ 1969 में यूनेस्को के विशेषज्ञों ने भारत में टेलीविजन की संभावनाओं का अध्ययन करने के बाद अपनी जो रिपोर्ट तैयार की जिसमें कहा गया कि टी.वी. को भारत में विकास का माध्यम बनाया जाना चाहिए।

में बुनियादी तौर पर यह ध्यान रखने की बात होती है कि चेक न पहनें, ऐसा कुछ न पहनें, जो 'ग्लिटर' करे-चमके। उसी तरह आजकल खड़े होकर एंकरिंग होने लगी है। इसमें बैकग्राउंड में क्रोमा का प्रभाव पैदा किया जाता है। वह अगर हरे रंग पर है, तो यह ध्यान रखना होता है कि आप हरा रंग नहीं पहनें, कोई ऐसा रंग न पहनें जो उसके साथ कंट्रास्ट करे। इससे अपेक्षित प्रभाव पैदा नहीं होता है और 'शॉट-कम्पोजिशन' में भी परेशानी आती है।

अगर टेलीविजन पर एंकर काले कपड़ों में, सूट में अधिक दिखाई देते हैं तो इसका भी अपना कारण होता है। उसके लिए काले रंग का कपड़ा कोई वकीलों की तरह पेशेवर पहचान का हिस्सा नहीं होता है। इसके पीछे कारण होता है कि काले रंग की एक बहुत बड़ी खूबी कि वह चीजों को अपने अन्दर 'एब्जॉर्ब' कर लेता है। आपने यह दोहा तो सुना ही होगा कि 'सूरदास यह काली कमली चढ़े न दूजो रंग'। काला रंग दर्शकों के प्रभाव को भी एकाग्र करता है। इसलिए टेलीविजन के अधिकतर एंकर काले सूट में नज़र आते हैं।

समाचारों के प्रस्तुतिकरण में एंकर को रंगों के चुनाव में, कपड़ों के चुनाव में अधिक सावधान, अधिक सतर्क इसलिए भी रहने की आवश्यकता है क्योंकि अगर एंकर अपने पहनने-ओढ़ने में अधिक 'कलरफुल', उच्छृंखल दिखाई देने लगे, तो इससे कहीं-न-कहीं समाचारों की गम्भीरता भी बाधित होती है। लोगों का ध्यान समाचार पर न जाकर एंकर के स्टाइल की ओर अधिक जाने लगता है। दूसरी ओर कई बार आपको कार्यक्रमों के मुताबिक अलग-अलग तरह से, विशेष ढंग से इस तरह तैयार होना पड़ता है ताकि कार्यक्रम के उपयुक्त माहौल तैयार हो।

अब आइए इसको थोड़ा विस्तार से समझते हैं। कुछ दिनों पहले मैंने 'गॉडफादर' नामक एक कार्यक्रम को एंकर किया था, जो दाउद इब्राहीम की काली दुनिया के राज़-रहस्यों को लेकर था। उसके लिए यह बात मुझे कही भी गई थी

□ **पहले उपग्रह आधारित टेलीविजन प्रसारण की शुरुआत साइट के रूप में 1973 में हुई। दूरदर्शन के स्वतंत्र अस्तित्व में आने की दिशा में इस कार्यक्रम को महत्त्वपूर्ण कदम माना जा सकता है।**

और मैंने खुद भी तय कर रखा था कि उस दिन पूरी तरह से काले कपड़ों में ही एंकरिंग करनी है। उस दिन काले सूट के अलावा मैंने शर्ट भी काली ही पहन रखी थी। मैंने जो टाई पहनी थी उसमें भी काले रंग का पुट था। हालाँकि तीन दिनों तक क्रमशः दिखाए जानेवाले उस कार्यक्रम में एक दिन मैंने सफेद टाई भी पहन ली थी। लेकिन इसके पीछे वास्तविकता यह है कि अंडरवर्ल्ड की जो दुनिया है वह काली, अँधेरी, रहस्यमय दुनिया है—उसका रंग काला ही हो सकता है। सफेद में उसका प्रभाव नहीं आ सकता। यह अलग बात है कि हाजी मस्तान हों या दाउद इब्राहीम इनका पसन्दीदा रंग सफेद ही रहा है। लेकिन इस दुनिया को लेकर जो छवि लोगों के अन्दर है उसका प्रभाव काले रंग से ही दर्शाया जा सकता है।

इसी तरह क्रिकेट को लेकर जब कार्यक्रम प्रस्तुत किए जाते हैं तो उसमें एंकर खेल के अनुकूल पोशाक पहनकर एंकरिंग करते हैं। वे टी-शर्ट पहन सकते हैं, हाथ में बल्ला हो सकता है। कहने का मतलब यह है कि कुछ न कुछ उनके पहनने-ओढ़ने, उसकी मुद्रा में भी अवश्य दिखाई देना चाहिए जो उस खेल की उत्तेजना, उसके प्रभाव के अनुकूल लगे।

यह एक स्थिति है। लेकिन अभी ऐसी स्थिति नहीं आई है कि खबरों के अनुकूल ड्रेस-सेंस विकसित किया जा सके। ऐसा नहीं है कि मान लीजिए दरभंगा में चुनाव हो रहे हों तो धोती-कुर्ता पहनकर दिखाया जाए, या अगर पश्चिम बंगाल में चुनाव दिखाए जा रहे हों तो कुर्ता-पाजामा पहनकर एंकरिंग की जाए। फैशन, ग्लैमर, खेल यानी बाजार की चकाचौंध से तो टेलीविजन समाचार चैनल भी जुड़ जाते हैं, लेकिन विडम्बना यह है कि समाचार की वास्तविक स्थितियों से वे पूरी तरह से नहीं जुड़ पाते हैं। यही कारण है कि धीरे-धीरे यह मानसिकता पैदा होती जा रही है कि वास्तव में आप चीज़ों को बस बेचना भर चाहते हैं, मुनाफा भर कमाना चाहते हैं। समाचार की वास्तविक ज़मीन से आप दूर होते जा रहे

□ साइट यानी उपग्रह आधारित शैक्षिक टेलीविजन भारत सरकार की एक महत्त्वाकांक्षा योजना थी, जिसकी शुरुआत अमेरिकी अंतरिक्ष संस्था नासा के सहयोग से की गई थी। सन् 1976 में नासा के साथ अनुबंध

> समाप्त होने के कारण इस कार्यक्रम को बंद कर दिया गया। लेकिन इस कार्यक्रम की बड़ी सफलता यह मानी जाएगी कि इसने देश के दूर-दराज के इलाकों में टी.वी. के दर्शन करा दिए।

हैं। सेक्स, ग्लैमर के जरिए चीज़ों को बेचने की प्रवृत्ति इसके पीछे दिखाई देने लगती है।

बहरहाल, यह एक सैद्धान्तिक बहस का हिस्सा हो सकता है, लेकिन टेलीविजन एंकरिंग की बुनियादी चीज़ इस सारी प्रक्रिया में नहीं बदलती है। वह बुनियादी चीज़ है एंकर का एक वाहक की तरह टी.वी. कार्यक्रम को, समाचार की प्रक्रिया को आगे ले जाना। उसमें यह क्षमता जरूर होनी चाहिए कि वह दर्शकों को अपने कार्यक्रमों से जोड़कर रख सके। उसमें उस विश्वसनीयता की भावना होनी चाहिए जो उसे एक एंकर के रूप में स्थापित करती है। एंकर के रूप में इन सारे दबावों के बीच इस बात का ध्यान जरूर रखना चाहिए कि उसकी अपनी विश्वसनीयता, अपनी पेशेवर छवि न खराब हो। इस बात को एक एंकर से ज्यादा कौन समझ सकता है कि टी. वी. वही है जो दिखाई देता है।

लेकिन जब टी.वी. में बहस इस बात के इर्द-गिर्द सिमटने लगती है कि नम्बर वन कैसे रहा जाए या टीआरपी को किस तरह से आगे बढ़ाया जाए, तो जाहिर है प्राथमिकताएँ भी बदलने लगती हैं। जब प्रयोगों का आधार टी.वी. में अधिक-से-अधिक मुनाफा बटोरना हो जाता है या आगे निकलने की प्रक्रिया ही सारे प्रयोगों को निर्धारित करने लगती है तो समाचार चैनलों को भी समाचारों से अधिक जरूरी उसे निर्धारित करनेवाले बाहरी तत्त्व लगने लगते हैं।

यह भी एक वास्तविकता है कि जब प्रयोग होने लगते हैं तो उसका सबसे पहला प्रभाव एंकर पर ही पड़ता है, क्योंकि वही टी.वी. के कार्यक्रमों को आगे बढ़ाने का माध्यम होता है। किसी चैनल में अचानक यह तय कर लिया जाता है कि युवा वर्ग को समाचार देखने की ओर किस तरह आकर्षित किया जाए। तय पाया जाता है कि एंकरों को भी फिल्मी सितारों की तरह डिजाइनर कपड़ों, सुसज्जित बालों में दिखाया जाए, महिला एंकरों को कुछ तड़क-भड़कवाले कपड़ों में दिखाया जाए। उनको कुछ सेक्सी अन्दाज़ में दिखाया

जाए। यूरोप के देशों में तो न्यूड समाचार पढ़ने तक के प्रयोग किए जा चुके हैं। वैसे यह प्रयोग ज्यादा नहीं चला पर अपने समय में इसने एक उत्तेजना पैदा की, समाचार पढ़ने का यह अन्दाज़ एक बड़ा समाचार बना और आज भी सनसनी के रूप में इसे याद किया जाता है।

इसे अगर हम अपने यहाँ के हाल के उदाहरणों में जाएँ तो पिछले दिनों मुम्बई में लक्मे ने फैशन वीक आयोजित किया था। उन्होंने चैनलों के सामने उसे कवर करने का प्रस्ताव रखा। सभी चैनलों की उनसे व्यावसायिक बातचीत हुई। चैनलों से उनकी विशेष कार्यक्रमों को लेकर भी बातचीत हुई। चैनल्स ने कहा कि हम विशेष कार्यक्रम इसको लेकर करेंगे, लेकिन इसके लिए हम चाहेंगे कि कुछ मॉडल्स, इस प्रक्रिया से जुड़े कुछ फैशन डिजाइनर्स, कुछ जजों आदि से भी हमारी बातचीत करवाई जाए, उनके साथ भी हमको इंटेरैक्शन का मौका दिया जाए। फैशन वीक के आयोजकों ने इसके जवाब में यह पूछा कि क्या आपके एंकर फैशन वीक को प्रस्तुत करते हुए अपने आपको सहज रख पाएँगे? चैनल्स की ओर से जवाब यह गया कि हमारे एंकर सक्षम हैं। आयोजकों ने यह कहा कि वे यह नहीं जानना चाह रहे हैं कि एंकर्स और रिपोर्टर्स की जानकारी क्या है? उसकी दक्षता क्या है? वह तो हम जानते हैं कि वे सक्षम हैं तभी इस माध्यम में काम कर रहे हैं। लेकिन हमारा सवाल यह था कि क्या आपके एंकर्स अपने चेहरे-मोहरे, मेकअप पहनावे में भी इस तरह से अपने आपको प्रस्तुत कर पाने में सक्षम हैं कि जब वे लक्मे फैशन वीक को प्रस्तुत करें तो कहीं से ऐसा न लगे कि वे उसे बाहर से दिखा रहे हैं। उनकी प्रस्तुति इस तरह की हो कि वे भी उसी ग्लैमर, उसी तड़क-भड़क का हिस्सा लगें। इससे प्रभाव बड़ा ज़बरदस्त हो सकता है।

आपको यह जानकर आश्चर्य होगा कि तीन समाचार चैनलों ने उसे दिखाया था। दिखाया तो उसे सभी समाचार चैनलों ने, पर तीन समाचार चैनलों ने उस पर विशेष कार्यक्रम

☐ आज दूरदर्शन के क्षेत्रीय भाषाओं में 30 से भी अधिक चैनल हैं। लेकिन दिलचस्प बात यह है कि दूरदर्शन यानी डीडी को स्वतंत्र अस्तित्व में आए बमुश्किल 30 साल ही हुए हैं।

तैयार किए। उन तीनों ही चैनल्स की एंकर लड़कियाँ थीं। वह भी कोई मॉडल या उस कार्यक्रम को अलग से प्रस्तुत करने के लिए लाई गई एंकर्स नहीं थीं। वे उनकी अपनी सामान्य एंकर ही थीं जिनको यह असाइनमेंट दे दिया गया था। उनके कपड़े डिजाइनर तो थे ही, बहस इस पर नहीं है; वे इस तरह डिजाइन किए गए थे मानो वे रैंप पर चलती हुई मॉडल हों। इस प्रयोग को भी स्वीकार कर लिया गया। जिन एंकर्स ने इसको अपने-अपने चैनल्स पर प्रस्तुत किया उनको भी यह अच्छा ही लगा कि ग्लैमर के इतने बड़े आयोजन से उनको जुड़ने का मौका मिला।

जब बात एंकरिंग और पहनने-ओढ़ने को लेकर हो रही हो, दिखने को लेकर हो रही हो, तो इसके सन्दर्भ में सैद्धान्तिक समझ के अलावा आज की वास्तविक स्थितियों को भी समझने और ध्यान रखने की जरूरत है। अगर आप समाचार चैनलों की एंकरिंग को देखें तो एंकरों का ग्लैमर-तत्त्व इस दौरान काफी बढ़ा है। चाहे काले रंग का ही सूट हो, लेकिन वह किसी बढ़िया डिजाइनर द्वारा तैयार किया हो सकता है, पुरुषों में बालों को अलग-अलग कट में रखने आदि तथा महिलाओं में भी ग्लैमर के लिहाज से अपटुडेट दिखने का चलन बढ़ा है। अभी टेलीविजन समाचार के एंकरों के पहनावे-ओढ़ावे को लेकर गनीमत यही है कि उनकी घड़ियाँ, उनके जूते, उनके कपड़े प्रायोजित नहीं होते या धारावाहिकों की तरह फैशन पर उनका कोई प्रभाव नहीं पड़ता।

इसको थोड़ा और उदाहरणों से समझें तो मान लीजिए कि ऑटो एक्सपो कवर करने एक महिला एंकर गई है तो आप कभी यह नहीं पाएँगे कि वह सलवार-कुर्ता या पारम्परिक परिधान में दिखाई दे। वे आपको कोट-पैंट पहनकर एंकरिंग करती दिखाई देंगी। मार्केटिंग से जुड़ी लड़कियाँ जो पोशाक पहने नज़र आती हैं उन्हीं में आपको ये सारी एंकर्स एंकरिंग करती नज़र आती हैं। उनको इससे कोई परेशानी नहीं होती कि उनकी पहचान एक-दूसरे प्रकार की हो रही है, एक-दूसरे

❑ 1976 का साल डीडी की आजादी का साल है यानी इसी साल आकाशवाणी से अलग संस्था के रूप में दूरदर्शन अस्तित्व में आया।

प्रकार की पहचान जो समाचारों से जुड़ी रही है। उनको भी इससे जुड़कर इसका हिस्सा होने में अच्छा लगता है।

दूसरी ओर यह भी एंकरिंग की सच्चाई है कि चैनलों पर इस तरह के कार्यक्रमों की अपनी जगह बन चुकी है। इसमें एंकर को हर तौर से अपने आपको उसका हिस्सा ही बनना पड़ता है। उसमें फिट हो जाना है। क्योंकि फैशन ठीक हो या इंडिया एक्सपो हो, इनको दिखाते हुए किसी भी चैनल को एप्रोच क्रिटिकल नहीं होती है। क्रिटिकल से मेरा तात्पर्य यह है कि किसी चैनल की यह कोशिश नहीं होती इस तरह के कार्यक्रमों के पीछे कि अगर फैशन वीक पर कार्यक्रम करना है या उसको कवर करना है तो इस तरह से किया जाए कि न सिर्फ यह सब उसी का हिस्सा लगे, बल्कि इस सब फैशन के मेले को, इसके हीलों-हवालों को विस्तार से समझने का एक प्रयास भी उसमें शामिल हो। इसी को लेकर दिखाया जाए कि आखिर इतने महँगे-महँगे डिजाइनर वस्त्रों के खरीदार कौन होते हैं? इनको पहननेवाले कौन होते हैं? आखिर फैशन शो में ऐसा क्या होता है कि समाज के ऊँचे तबके के ऊँचे-ऊँचे रसूखवाले लोग वहाँ आकर जुट जाते हैं। या यही कि उसकी निर्णय-प्रक्रिया जो होती है या अच्छे या बुरे परिधानों के क्या-क्या मानक होते हैं? ऐसा कुछ भी नहीं होता। सभी चैनल इस तरह से कार्यक्रम दिखाते हैं मानो वे उसकी चकाचौंध से दर्शकों को परिचित करवाना चाहते हों। ऐसे में सबसे आसान यही होता है कि एंकर को भी उसका हिस्सा बना दिया जाए।

इसी तरह, आजकल ऑटो एक्सपो जैसे आयोजनों के अलावा भी गाड़ियों को लेकर, उनके नए-नए ब्रांडों को लेकर उनके लांच को लेकर कार्यक्रम दिखाए जाते हैं। लेकिन इसमें यह किसी चैनल की सोच का हिस्सा नहीं होता कि चलो यह भी दिखाएँ कि ऐसी कारें भी विकसित हो सकती हैं या हो रही हैं जिनकी माइलेज क्षमता अधिक हो, जिनकी कीमत कम हो। लेकिन जब दृष्टिकोण यह रहेगा कि यही दिखाना है कि

❑ 1976 में दूरदर्शन के 6 प्रसारण केन्द्र स्थापित किए गए—जयपुर, रायपुर, गुलबर्गा, संभलपुर, हैदराबाद और मुजफ्फरपुर। 1975 में कलकत्ता, मद्रास और लखनऊ में दूरदर्शन केन्द्र स्थापित किए जा चुके थे।

भारत में दुनिया की बड़ी-बड़ी ब्रांड की गाड़ियाँ आ रही हैं, तो एंकर की पहचान इस क्रम में तो उससे घुल-मिल ही जाएगी। उसके पहनावे पर भी उस माहौल का प्रभाव दिखाई देने लगता है। एंकर्स को लेकर या उसके पहनावे को लेकर एक प्रकार का कार्यक्रम और भी है जो सबसे अलग होता है लेकिन उस कार्यक्रम की पहचान 'एंकर' के जरिए ही होती है : अपराध से जुड़े कार्यक्रम। यह हर चैनल की पहली जरूरत हो चुकी है। दरअसल अपराध से जुड़ा कोई भी कार्यक्रम हो, रेडअलर्ट, जुर्म, सनसनी, एफ.आई.आर...कोई भी कार्यक्रम। इसमें आप एंकरों के कपड़ों पर कभी कोई बड़ा प्रयोग नहीं देखेंगे। हालाँकि ऐसे कार्यक्रमों में बेस रंग काला ही होता है, लेकिन सबसे महत्त्वपूर्ण बात जो एंकरों में नजर आती है वह उसका खुरदुरापन या कड़ा तेवर। दरअसल अपराध को शालीन तरीके से बताना अपराध है—यह चैनलों ने मान लिया है। लेकिन अपराध की जानकारी किसी अपराधी की तर्ज पर दी जाए इस पर बहस जारी है। लेकिन ऐसे कार्यक्रम में पहनावे के ऊपर एंकर का खुरदुरा मिज़ाज हावी होता है। इसे आप नए तरीके की समझ कह सकते हैं।

□ 1 अप्रैल 1982 को बहुउद्देशीय संचार उपग्रह इनसेट-1 छोड़ा गया। 15 अगस्त 1982 को जब प्रधानमंत्री ने लाल किले की प्राचीर से अपना भाषण दिया तो देश के 21 दूरदर्शन केन्द्रों ने उसे लाइव प्रसारित किया।

एंकर की आवाज़

बहनो और भाइयो, बुधवार की शाम है, आठ बज चुके हैं, बिनाका गीतमाला में आपका दोस्त अमीन सयानी आपका स्वागत करता है–याद कीजिए 70-80 का दशक...हर कोई रेडियो सीलोन के इस प्रोग्राम का इन्तजार करता था। हर सुननेवाला एंकर अमीन सयानी को अपना सबसे बड़ा दोस्त समझता था जो हर सप्ताह अपने पसन्दीदा गानों को क्रम से सुननेवालों को बताया करता था। न जाने अमीन सयानी की आवाज ने कितने दोस्त बनाए।

रेडियो श्रव्य माध्यम है और उसमें आवाज के जादू से ही सुननेवाले खिंचे चले आते थे। कहते हैं कि देवकीनन्दन पांडे की खनकदार आवाज को सुनने के लिए ही अनेक लोग आकाशवाणी पर समाचार सुना करते थे। ठीक उसी तरह जिस तरह अमीन सयानी की चुहलभरी आवाज या तबस्सुम की पारदर्शी हँसी सुनने के लिए लाखों-करोड़ों लोग बुधवार को रात आठ बजते ही शॉर्टवेव के 25 और 41 मीटर बैंड पर रेडियो की सुइयों का रेडियो सीलोन से मिलान करने लगते थे। तबस्सुम इस तरह से बच्चों की तरह हँसती थीं कि हमें बच्ची ही लगती रहतीं अगर वह टी.वी. पर एंकरिंग न करने लगतीं? रेडियो सीलोन यानी श्रीलंका ब्रॉडकास्टिंग के विदेश विभाग के इस कार्यक्रम का अमीन सयानी की आवाज के साथ ऐसा रिश्ता था कि अगर किसी हफ़्ते किसी कारणवश वे उस कार्यक्रम की एंकरिंग नहीं करते थे तो सुननेवालों को वह कार्यक्रम बेजान लगता था। उनकी आवाज के सहारे यह कार्यक्रम रेडियो पर करीब 40 वर्षों तक चला।

□ 1982 के साल का भारतीय टेलीविजन के इतिहास में विशेष महत्त्व इसलिए भी है क्योंकि इसी साल भारत में टी.वी. का रंगीन प्रसारण हुआ। इस साल नई दिल्ली में एशियाई खेल आयोजित किए गए।

बाद में जब टी.वी. पर काउंटडाइन शो दिखाए जाने लगे तब उसकी लोकप्रियता जरूर कम हुई। बाद में उसको प्रायोजित करनेवाली कम्पनी बिनाका का नाम बदलकर सिबाका हो गया। इसलिए तकनीकी कारणों से इस कार्यक्रम का नाम भी बदलकर बिनाका गीतमाला की जगह सिबाका गीतमाला कर दिया गया। बाद में यह आधे घंटे के कार्यक्रम के रूप में आकाशवाणी के विविध भारती पर प्रसारित होने लगा। इन सारे बदलावों के बीच एक सन्तोष की बात यह रही कि अमीन सयानी की चुहलभरी आवाज उसके साथ बनी रही।

बिनाका गीतमाला की इस कहानी से यह पता चलता है कि एंकर की आवाज का क्या महत्त्व होता है। आप कहेंगे कि यह तो रेडियो की बात हो गई। टेलीविजन एंकरिंग में आवाज के अलावा अन्य पहलू महत्त्वपूर्ण होते हैं और अगर आपका व्यक्तित्व ऐसा है कि फोटोजेनिक लगे, यानी कैमरे के सामने आप अच्छे लगते हैं तो आवाज थोड़ी-बहुत कमज़ोर भी हो तो चल जाता है। ऐसा सोचना गलत है। अगर आपने यह तय किया है कि एंकरिंग को अपना कैरियर बनाना है, इसमें अपना जीवन बिताना है, तो सचमुच अपनी आवाज, अपनी शैली इस माध्यम में पैदा करना बहुत जरूरी है। जैसे अखबार के पत्रकार की पहचान उसकी लिखने की शैली और नीचे छपी उसकी बाइलाइन होती है, उसी तरह कहा जा सकता है कि एंकर की आवाज ही उसकी पहचान है।

सबसे पहले यह कहा जाता है कि आवाज़ अच्छी होनी चाहिए और उच्चारण सहज। जब वह बोले तो लगे ही नहीं कि वह कुछ पढ़ रहा है। उसकी यही सहजता दर्शकों को उसका मित्र बनाती है। आवाज़ को भी उसी तरह बेहतर बनाया जा सकता है जिस तरह रियाज़ से संगीत के सुर को साधा जा सकता है। आपमें से बहुत से लोग शायद इस बात को जानते होंगे कि मशहूर फिल्म अभिनेता सुनील दत्त फिल्म में आने से पहले रेडियो सीलोन में बतौर उद्घोषक काम करते

☐ **भारत में आज केवल टेलीविजन के जरिये लगभग 1 अरब अमेरिकी डॉलर से भी कुछ अधिक की कमाई की जाती है। अनुमान यह है कि 2010 तक इसमें 80 फीसदी तक इज़ाफ़ा हो सकता है।**

थे। इसीलिए उनकी आवाज बड़ी साफ थी और उच्चारण बड़ा दुरुस्त। इसी कारण वे एक पावरफुल डायलॉग स्टार बने। बहरहाल, उन्होंने अपने एक इंटरव्यू में यह पूछे जाने पर कि उनकी इस अच्छी आवाज का राज़ क्या है—उन्होंने यह जवाब दिया था कि इसके लिए उन्होंने बड़ा रियाज़ किया है। इस इंटरव्यू में उन्होंने बताया था कि रेडियो सीलोन में ऑडीशन देने से पहले महीनों वे हिन्दी के एक अखबार के पहले पन्ने का रोज एक घंटे तक पाठ किया करते थे।

हिन्दी भाषा की एक बड़ी विशेषता यह भी है कि वह देश के प्रत्येक इलाके में एक अलग लहजे में बोली जाती है। लेकिन इसके कारण अक्सर राष्ट्रीय चैनल या रेडियो के लिए एंकरिंग करने की इच्छा रखनेवालों के सामने जो पहली बड़ी मुश्किल आती है वह यह होती है कि आप जिस भी प्रान्त के रहनेवाले होते हैं, आपकी हिन्दी पर उस प्रान्त का लहजा आ जाता है, उसका उच्चारण आ जाता है। जैसे बिहार में रहनेवालों के उच्चारण में अक्सर पाया जाता है कि वे र को ड़ बोलते हैं, श को स बोलते हैं, स्त्रीलिंग को पुल्लिग में बोलते हैं। उसी तरह उत्तरांचल में स को श बोलते पाए जाएँगे। यह महज कुछ उदाहरण हैं। उर्दू के नुक्तों को आमतौर पर गलत बोला जाता है। ग़ालिब को गालिब बोलनेवाले अनेक लोग मिल जाएँगे।

इसलिए सचमुच मानक भाषा को बोलने का अभ्यास करना चाहिए, क्योंकि राष्ट्रीय प्रसारण में यही उच्चारण उपयुक्त समझा जाता है और उर्दू के शब्दों का उच्चारण ठीक करना चाहिए, क्योंकि हिन्दुस्तानी की शैली सबसे सहज होती है। इस सम्बन्ध में यह तथ्य है कि भारत-विभाजन के समय देश के बहुत सारे उर्दूदाँ उद्घोषकों के पाकिस्तान चले जाने से ऑल इंडिया रेडियो में सही उच्चारणवाले उद्घोषकों का अभाव हो गया था। बाद में उत्तर भारत के उद्घोषकों की बड़े पैमाने पर भर्ती करके इस कमी की भरपाई करने की कोशिश की गई थी।

□ यह जानना दिलचस्प है कि भारतीय टी.वी. पर पहला विज्ञापन 1976 में प्रसारित हुआ था।

एंकर उद्घोषक से भिन्न होता है। अभी ज्यादा वर्ष नहीं बीते जब न तो केबल चैनलों का दौर था, न ही न्यूज़ चैनलों का दौर आया था, तब दूरदर्शन पर नियत समय समाचार पढ़ने के लिए उद्घोषक-उद्घोषिकाएँ आते थे और रुटीन भाव से समाचार पढ़कर चले जाते थे। दर्शकों का उनसे भी रिश्ता बनता ही था, लेकिन वे सूचना की तरह खबर पढ़ते थे। नमस्कार कहते थे और चले जाते थे। दर्शकों के पास देखने के अलावा कोई विकल्प नहीं होता था।

आज विकल्प दर्शकों की उँगलियों के बीच मौजूद है। वह जब चाहे चैनल बदल सकता है। आज अलग-अलग भाषाओं में समाचार चैनलों के ही दो दर्जन से अधिक विकल्प उसके सामने हैं। ऐसे मनोरंजन चैनलों में तो नहीं, मगर न्यूज़ चैनल्स में तो सचमुच यह एंकर के ही ऊपर होता है कि वह अपने चैनल को 'छोटे परदे' पर टिकाए रखे। अगर एंकर थोड़ा भी उलझता है, अटकता है या दर्शकों को यह महसूस होने लगता है कि इसका ध्यान कहीं और है तो वह चैनल बदलने में ज़रा भी देर नहीं करता।

इसलिए यह बहुत जरूरी हो जाता है कि एंकर जो भी बोले वह उसके अपने पहनावे-ओढ़ावे, डील-डौल से मेल खाए और किसी भी विषय पर वह इस तरह बात करे कि दर्शकों को उसकी आवाज के उतार-चढ़ाव के साथ विषय को समझने में किसी भी तरह की परेशानी न हो। आप स्वाभाविक हैं या नहीं, आप सहज हैं या नहीं—यह आपकी आवाज से ही पता चलता है।

इसके साथ, आप जिस तरह की खबर पढ़ रहे हैं, आपकी आवाज भी उसके अनुरूप होनी चाहिए। किसी बड़ी त्रासदी, किसी आपदा, किसी की मृत्यु या शोक की कोई खबर बताते हुए आपके चेहरे और आपकी आवाज में उस शोक का कोई असर ज़रूर दिखाई देना चाहिए, तभी देखनेवालों को उस शोक, उस त्रासदी की गम्भीरता का अन्दाजा लगेगा। उसी तरह देश से जुड़ी कोई उपलब्धि या इसी तरह की किसी

❑ तब टेलीविजन खरीदना आज की तरह आसान नहीं था। टी.वी. खरीदने के लिए लाइसेंस लेना जरूरी होता था। 1985 में सरकार ने लाइसेंस लेने की जरूरत खत्म कर दी।

खबर को बताते हुए आपकी आवाज से भी यह अहसास पैदा होना चाहिए कि यह कोई बड़ी घटना या बड़ी उपलब्धि है। उदाहरण के लिए अगर आप क्रिकेटर महेन्द्र सिंह धोनी के आईसीसी रैंकिंग में बल्लेबाजी में नम्बर एक पर आ जाने की खबर अपने दर्शकों को बता रहे हों, तो आपकी आवाज में यह भाव आना चाहिए कि यह उपलब्धि बहुत बड़ी है। क्योंकि भारतीय क्रिकेट के इतिहास में महेन्द्र सिंह धोनी पहले ऐसे विकेटकीपर हैं जिन्होंने बल्लेबाजी में यह ऊँचाई हासिल की है।

इसी तरह एंकर की आवाज दर्शकों को बाँधने, उनको चैनल से जोड़ने का काम करती है, इसलिए उसे दमदार होना चाहिए। लेकिन इसका मतलब यह नहीं है कि एंकर चिल्लाने लगे। एंकर को हर परिस्थिति में सहज बने रहना होता है, फिर चाहे माहौल उत्तेजना का ही क्यों न पैदा हो गया हो। रिपोर्टर में तो उत्तेजना, कभी-कभी किसी बड़ी खबर को करते हुए उसकी आवाज का कम्पन, उत्तेजना आदि से खबर के अनुकूल नाटकीयता ही पैदा होती है। लेकिन एंकर को उस तरह का बने रहना होता है, जिसे प्राचीन महाकाव्यों में नायकों का गुण बताया गया है—धीरोदात्त। उसकी आवाज भी इसी का एक पहलू होती है—यह नहीं भूलना चाहिए।

❑ 7 जुलाई 1984 को टेलीविजन इतिहास में नए युग की शुरुआत के तौर पर देखा जा सकता है। इसी दिन पहले सोप-ऑपेरा के तौर पर 'हम लोग' की शुरुआत हुई थी।

❑ 'हम लोग' के लेखक थे मनोहर श्याम जोशी और निर्देशक पी. कुमार वासुदेव।

एंकर का समाचार

भारत में अगर टेलीविजन जगत की बात करें तो एंकर का रूप उसमें दूरदर्शन के दिनों में ही उस दौर में आना शुरू हो चुका था जब टी.वी. पर विशेषीकृत कार्यक्रमों का दौर शुरू हुआ। जैसे 'वर्ल्ड दिस वीक' है तो उसके एंकर प्रणय रॉय हैं। 'जनमत' में विनोद दुआ हैं या इसी तरह के अन्य लोगों की पहचान बनी। अगर हिन्दी समाचारों की बात करें तो इसी दौर में एस.पी. सिंह का नाम सामने आता है। इस दौर में एंकर का मतलब यह स्थापित हुआ कि एंकर वह आदमी है जो कार्यक्रम का प्रमुख भी होता है। भारत में हिन्दी का आरम्भिक समाचार आधारित कार्यक्रम 'आजतक' था, जो बाद में आजतक चैनल के रूप में विकसित हुआ। उसके प्रमुख तब एस.पी. सिंह थे जो एंकर भी थे। उसी तरह एनडीटीवी के हिन्दी और अंग्रेजी में दो चैनल लानेवाले प्रणय रॉय ने भी बरसों पहले डीडी पर एंकर के रूप में अपनी पहचान बनाई थी।

आज समाचार चैनलों या अन्य मनोरंजन चैनलों पर एंकरों का जो मतलब है उस रूप में सोच तो अब बनने लगी है। तब ऐसी कोई सोच भी नहीं थी। इसलिए एंकर के रूप में शिक्षण-प्रशिक्षण के बारे में सोचा भी नहीं जाता था। टेलीविजन समाचार 'आजतक' में काम करते हुए हम लोग यह जरूर सोचते रहते थे कि एंकर को किस रूप में होना चाहिए। उसको किस तरह कार्यक्रम का संचालन करना चाहिए। तब बीबीसी और सीएनएन केबल के जरिए भारत में दिखाई देने लगे थे और हम उसको देख-देखकर यह

आकलन करने का प्रयास करते रहते थे कि जब करने का अवसर मिले तो किस तरह एंकरिंग करनी चाहिए। इसको लेकर तब हम ज्यादा सोचते भी नहीं थे, क्योंकि किसी ने तब तक सोचा भी नहीं था कि एक दिन इस तरह से भारतीय आकाश पर टेलीविजन समाचार चैनल छा जाएँगे; वह भी 24-24 घंटे के।

1998 का आम चुनाव था। उस समय दूरदर्शन से समय खरीदा जाता था। दूरदर्शन पैसे लेकर समय बेचता था। लेकिन इसमें महत्त्व धन का नहीं होता था। इसमें महत्त्व होता था आवेदन करनेवाली कम्पनियों की गुणवत्ता का, उनके प्रोफेशनलिज़्म, उसकी संरचना, वहाँ काम करनेवाले लोग, कम्पनी का अनुभव इत्यादि के आधार पर दूरदर्शन किसी एक कम्पनी का चुनाव करता था। उस साल वह कार्यक्रम 'आजतक' को मिला था।

उसके बाद दूरदर्शन से लोग उस कम्पनी के लोगों को सिखाने आते थे। प्रशिक्षण के उस दौर में दूरदर्शन से आए उन तकनीकी लोगों के सामने एक एंकर बैठता था, एक राजनीतिक विश्लेषक बैठता था और एक मेहमान बैठता था। ये तीनों ही लोग फेक होते थे। लेकिन इसी रूप में आरम्भिक प्रशिक्षण दिया जाता था। एंकर इसमें सिर्फ वही बैठता था जिसको कार्यक्रम की एंकरिंग के लिए तैयार किया जा रहा हो। मुझे भी इसमें विश्लेषक के रूप में बिठा दिया जाता था। प्रशिक्षण देनेवाले लोग सामने बैठे होते थे और समय-समय पर वहाँ बैठे लोगों को निर्देश दिया करते थे। इस तरह से आरम्भ में ही जाने-अनजाने मुझे इसका प्रशिक्षण मिल गया। प्रशिक्षण मुझे नहीं लेना था। एंकरिंग मुझे नहीं करनी थी। उस दौर में 'आजतक' में दो प्रमुख एंकर हुआ करते थे दिबांग और संजय पुगलिया। लेकिन उस फेक कार्यक्रम में बैठने के कारण ही मेरी भी ट्रेनिंग हो गई। सिखानेवाले ने एक दिन मज़ाक में एंकर को कहा भी कि आप तो ठीक से नहीं कर पा रहे हैं, लेकिन, उसने मेरी ओर इशारा कर कहा, ये जरूर

❑ जून 1983 में भारत क्रिकेट विश्वकप के फाइनल में पहुँचा। दूरदर्शन ने इस अवसर को सीधे प्रसारित कर भारतीय क्रिकेट इतिहास के इस अविस्मरणीय अवसर को यादगार बना दिया।

कर लेंगे। यह बात आई-गई हो गई। लेकिन इससे जो बात मैंने सीखी वह यह कि एंकर को स्वाभाविक होना चाहिए, स्वाभाविक दिखना चाहिए।

दूसरे इस प्रशिक्षण के दौरान मुझे यह लगा कि जब आप बतौर एंकर बोलते हैं और जिस विषय पर आप बोलते हैं और उस विषय में आपका भी कुछ दखल होता है तो आपकी बॉडी लैंग्वेज में भी वह बात दिखाई देने लगती है। आप भले उस विषय को लेकर लिखी हुई स्क्रिप्ट पढ़ रहे हों, लेकिन उसको पढ़ते हुए आप सपाट नहीं होते हैं। आपका अंग-प्रत्यंग उससे जुड़ा लगने लगता है और यह चीज़ स्क्रीन पर दिखाई भी दे जाती है। ये दो बातें उस प्रशिक्षण के दौरान मुझे समझ में आ गई थीं।

बाद में जब 'आजतक' चैनल लांच होने की बात थी, तब तक एंकर के रूप में मैंने भी काम करना शुरू कर दिया था। उस समय सिखाने के लिए विदेश से प्रशिक्षक आए हुए थे। उन्होंने भी एंकरिंग को जिस रूप में समझाया था वह भी यही था कि अगर एंकर कोई शब्द बोलता है तो उसके अनुरूप उसके शरीर में भी थिरकन होनी चाहिए। अगर वह थिरकन नहीं हो रही है, तो इसका साफ मतलब है कि एंकर और जिस कार्यक्रम को वह प्रस्तुत कर रहा है, उन दोनों के बीच बहुत एलीनेशन है। उनके बीच कहीं न कहीं दूरी है। एंकर को लगातार इस दूरी को पाटने का प्रयास करते रहना चाहिए।

अब मान लीजिए कि एक खबर है—'जॉर्ज बुश और मनमोहन सिंह के बीच परमाणु करार।' यह बहुत सपाट रूप में पढ़ा जा सकता है। लेकिन इसी को जब एंकर कहना शुरू करता है कि 'रेड कार्पेट बिछा हुआ था, लाल झंडे सड़कों पर थे। मनमोहन सिंह डेढ़ दशक पहले जो आर्थिक सुधार का एजेंडा लेकर आए थे, उसे दुनिया अब समझ पाई है। तो शायद डेढ़ दशक बाद में यह बात समझ में आए कि इस करार का मतलब क्या है।' जब एंकर शुरुआत यहाँ से करता

❑ 1976 में दूरदर्शन की आय महज 76 लाख थी।

है, तो यह एक सपाट आरम्भ नहीं है। इसमें रेड कार्पेट, लाल झंडे सड़क पर हैं—जैसे प्रयोगों से बहुत कुछ कहने की कोशिश की जा रही है। कहने का तात्पर्य यह है कि एंकर को वैसे शब्दों का प्रयोग करना चाहिए जो एकार्थी न हों, जो बहुत कुछ इंगित करते हों। हिन्दी के मशहूर कवि रघुवीर सहाय भले ऐसे शब्दों की कामना करते रहे हों जिनके दो अर्थ न हों लेकिन टी.वी. माध्यम में एंकर को ऐसे ही शब्दों का चयन करना पड़ता है जिनके दो ही क्या अनन्त अर्थ हो सकते हों। खासकर ऐसे शब्द जो सुनते ही ज़ेहन में तस्वीर भी बना दें।

इससे समाँ बँधता है। दर्शकों में भी रुचि पैदा होती है। कार्यक्रम में रोचकता पैदा होती है। इसी तरह मुहावरेदारी होती है। हिन्दी को बोलियों से जो मुहावरेबाजी हिन्दी में आई, टी.वी. पर दिखाए जानेवाले समाचार-शीर्षकों में यह मुहावरेदारी दिखाई तो देती है, लेकिन एंकर के लहजे में मुहावरे कम ही दिखाई देते हैं। मुहावरे भाषा को समृद्ध करते हैं, कम शब्दों में अधिक कहने की कला पैदा करते हैं और उससे एंकर की अपनी अलग पहचान और अलग शैली भी बनती है। इसलिए सफल एंकर बनने के लिए एंकर को मुहावरा-कोश जैसी पुस्तकों को भी उलटते-पलटते रहना चाहिए और उसकी कुछ बानगी समय-समय पर स्क्रीन पर भी दिखाते रहना चाहिए। एंकरिंग भाषा और देह-भाषा के सन्तुलन से बनती है—एंकरिंग बननेवालों को यह बात गाँठ बाँध लेनी चाहिए। उसे भाषा को बहुआयामी बनानेवाले पहलुओं पर गौर करते रहना चाहिए और उनका अभ्यास भी करते रहना चाहिए।

अब इसी से जुड़ी एक घटना आपको बताता हूँ। उन दिनों मैं सुबह 'आजतक' में एंकरिंग करता था। दो एंकर होते थे उस शो के दौरान। उसमें अबरार अल्वी का एक इंटरव्यू भोपाल से आया था। अबरार अल्वी ने इस इंटरव्यू में यह कहा कि फिल्म 'कागज के फूल' के एक दृश्य में गुरुदत्त और

□ 31 अक्टूबर 1984 को भारत की प्रधानमंत्री इंदिरा गांधी की हत्या उनके ही सुरक्षा गार्डों द्वारा कर दी गई। उसके बाद 11 दिनों तक इंदिरा गांधी के शव को लोगों के अन्तिम दर्शन के लिए रखा गया और

इसे टी.वी. पर भी लाइव दिखाया गया। उस समय पोर्टेबल टी.वी. के बाजार में जबरदस्त तेजी आई क्योंकि एक तो उसको रखने के लिए लाइसेंस नहीं लेना पड़ता था, दूसरे उसे बिजली के बिना बैटरी से भी चलाया

वहीदा रहमान एक सीन में अटक जाते हैं, यानी उनको यह समझ नहीं आता कि वे क्या बोलें। उस सीन को वास्तविक जीवन से चुराया गया था। उसमें वहीदा रहमान गुरुदत्त से लड़-झगड़कर चली जाती है कि अब मैं काम नहीं करूँगी। तो गुरुदत्त पीछे-पीछे कमरे में जाते हैं जहाँ वहीदा उनसे यह कहती है कि कुछ लोग किसी को इतना ज्यादा जान जाते हैं कि उससे परेशानी होने लगती है। तब गुरुदत्त ने अबरार को एक नोट भेजा कि मैं क्या कहूँ। इस पर अबरार ने लिखा कि कुछ भी न कहिए। यही पूरा का पूरा दृश्य 'कागज के फूल' में फिल्माया गया।

उस दिन जॉनी वाकर का इंटरव्यू भी दिखाया गया और उनसे भी गुरुदत्त को लेकर बातचीत हुई। उसके बाद शो की समाप्ति के समय मैंने सभी महिला एंकर से कहा कि कुछ बातें कही नहीं जाती हैं, उन्हें खामोश रहकर ही बता दिया जाता है और लोग समझ भी लेते हैं। कैमरापर्सन ने कुछ देर तक हमारे ऊपर कैमरा स्थिर रखा और उसके बाद क्लोजिंग करनी थी तो मैंने कहा कि बहरहाल, यह फिल्म नहीं है, यह सुबह आजतक है, जिसे हमें समाप्त भी करना होता है। इसमें उस इंटरव्यू की बात को इस तरह से मैंने शो से जोड़ दिया कि वह सब आपस में सुसंयोजित, सुव्यवस्थित नज़र आने लगी। मेरा मानना यह है कि एंकर अगर शब्दों को लेकर सजग रहता है तो दो-एक शब्दों के उलट-फेर से ही काफी कुछ आकर्षण पैदा किया जाता है। इससे यह साफ हो जाता है कि एंकर की भूमिका किस हद तक विस्तृत होती है। यहाँ पर एक बारीक फ़र्क न्यूज़रीडर और एंकर के बीच का यह स्पष्ट होता है कि एंकर जो कार्यक्रम प्रस्तुत कर रहा है, पेश कर रहा है—अगर उसकी पूरी रूपरेखा उसके सामने नहीं है तो वह एंकर नहीं रह जाता, वह एक न्यूज़रीडर का काम करने लगता है। ऐसा ही एक और वाकया है। दो खबरें एक के बाद एक आईं : पहली मुम्बई की गर्मी पर थी तो दूसरी कैफ़ी के जन्मदिन के मौके पर गाजीपुर से जुड़ी खबर। जब

कैफ़ी की खबर खत्म हुई तो मेरे मुँह से यकायक कैफ़ी की नज़्म निकल पड़ी। "आज की रात बहुत गर्म हवा चलती है, आज की रात न फुटपाथ पे नींद आएगी। तुम उठो, तुम उठो...तुम भी उठो, कोई खिड़की इसी दिवार में खुल जाएगी।" इसके बाद सिर्फ एक कमेंट...कैफ़ी नहीं जानते थे समूची मुम्बई की तस्वीर धीरे-धीरे वैसी हो जाएगी...यह नज़्म झोपड़ियों की त्रासदी पर कैफ़ी ने लिखी थी। फिर मैंने ब्रेक कर दिया। मसला साफ है, एंकर स्क्रीन पर स्वाभाविक है, उसकी समझ का दायरा इतना बड़ा तो होना ही चाहिए जहाँ वह एंकर के साथ-साथ महफ़िल में शरीक इन्सान भी हो।

☐ जा सकता था। देश के दूर-दराज के इलाकों में जहाँ बिजली का संकट रहता है, इसके चलते टी.वी. का खूब विस्तार हुआ। इस एक घटना ने टी.वी. की दर्शक संख्या में अभूतपूर्व वृद्धि की।

□ 1987-88 के दौर में 'रामायण' और 'महाभारत' जैसे धारावाहिकों ने बेशुमार लोकप्रियता हासिल की। कहा जाता है कि 'महाभारत' धारावाहिक को इतने दर्शकों ने देखा कि उसका विश्व रिकार्ड बना।

ब्रेकिंग न्यूज़ और एंकर

ब्रेकिंग न्यूज़ की अवस्था में एंकर की असली परीक्षा होती है। इसका कारण यह है कि उस समय डेस्क लिखकर कुछ भी दे पाने की अवस्था में नहीं होता है। सबकुछ इतनी जल्दबाजी में होता कि लिखकर दे पाना सम्भव नहीं होता है। उस समय सचमुच इस बात का पता चलता कि इस एंकर को कुछ पता भी है या नहीं। सीधा कहना होता है कि चलिए वहाँ पर। मान लीजिए कि कहीं बम फट गया है। एंकर ने पूछा—क्या माहौल वहाँ पर? अब इस पहले शब्द से ही गड़बड़ी शुरू हो गई—उसने माहौल पूछा।

उस समय अचानक घटनाएँ घट रही होती हैं। आपके कान में आता है कि मुम्बई में बम फट गया है। आइए चलते हैं, देखते हैं वहाँ क्या स्थिति है? इसी बीच आपके कान में मैसेज़ आ गया कि फोन लाइन कट गई है। आप अपनी बात जारी रखिए। अब इस बीच उसको एक तो यह करना होता है कि वह उस दर्शक को बाँधे रखे जो उसे देख रहा है, दूसरे यह कि वह ईमानदारी भी बरते। आपको सहजता से कुछ भी ऐसा कहते रहना है कि उससे एक तो उस खबर को लेकर कौतूहल भी लगे। आप कह सकते हैं कि हम लगातार प्रयास कर रहे हैं, लेकिन सभी फोन लाइनें जाम हैं। टेलीविजन में प्रतियोगिता इस तरह की होती है कि आपको यानी एंकर को ही इस 'शून्यकाल' में दर्शकों को बाँधे रखना होता है। आपको ही ऐसा करना है कि आपके दर्शक शिफ़्ट न हों। इसमें कैसे-कैसे मुश्किलात सामने आते हैं एंकर के सामने, उसकी फेहरिस्त खासी लम्बी है। लेकिन एक वाकया मैं बताऊँ : हाल में नेपाल में लोकतन्त्र को लेकर जो आन्दोलन

सड़क पर हो रहे थे, उस खबर के बीच में अचानक काठमांडू से हमारे संवाददाता का फोन आया कि राजा ज्ञानेन्द्र रात में सत्ता सात राजनीतिक दलों के गठबंधन को देने का ऐलान कर सकते हैं। मैंने फोन से जानकारी ली। जैसे ही खत्म किया, तभी दिल्ली हवाई अड्डे पर आग लगने की खबर आ गई। मैंने आग लगने की जानकारी दी। फिर ब्रेक कर दिया। ब्रेक के बाद कोई दूसरी खबर पढ़नी थी। जैसे ही ब्रेक से लौटा...पहला शब्द कहनेवाला ही था कि पी.सी.आर. से मेरे कान में आवाज आई...फोन पर राजबहादुर हैं। पहले इनसे बात कीजिए। राजबहादुर कौन हैं...कहाँ से हैं...किस बारे में बात करनी है, कुछ नहीं कहा गया। सेकेंड भर में कई चीजें मेरे दिमाग में आईं। हवाई अड्डे से तो नहीं है। लेकिन नाम राजबहादुर है तो नेपाल के बारे में कोई नई जानकारी तो नहीं दे रहा। खैर मैंने सवाल किया—राजबहादुर साहब, स्थिति क्या है? जबाव मिला...आग पर काबू पा लिया गया...तो एंकर को इससे भी भिड़ना होता है...हर वक़्त।

एंकरिंग के लिए विदेशों में, खासकर यूरोप के देशों और अमेरिका में यह माना जाता है कि एंकर को भी तैयारी का वक़्त मिलना चाहिए। उसे कार्यक्रम शुरू होने से पहले कुछ देर उसकी तैयारी के लिए मिलते भी हैं। जिस तरह से फिल्म या टी.वी. या रंगमंच पर अभिनय के लिए पहले रिहर्सल करना पड़ता है। अभी हाल ही में मैं अनुराग कश्यप का नाटक देखने गया था। नाटक से पहले दोपहर में हम लोग बैठे हुए थे तो उसने कहा कि नाटक के शो से पहले तीन घंटे तक मैं उसके बारे में सोचता भी नहीं। मेरा मानना है कि यह रंगमंच में तो सम्भव है, लेकिन एक एंकर के लिए यह सम्भव नहीं हो सकता है। हमारे यहाँ तो एंकर रिर्पोर्टिंग भी कर रहा होता है, अपनी स्क्रिप्ट भी लिख रहा होता है, उसको एडिट भी कर रहा होता है। इसलिए मुझे यह लगता है कि बतौर एंकर वह हर वक़्त सोच रहा होता है। एंकरिंग को लेकर एक प्रक्रिया उसके अपने अन्दर भी चलती रहती है।

❑ 1991 में खाड़ी युद्ध को सीएनएन ने लाइव प्रसारित किया और इसे दिखाने के लिए भारत में पहली बार केबल टीवी का आगमन हुआ।

नई पीढ़ी की एंकरिंग

भारत में टेलीविजन पत्रकारिता की उम्र अभी अधिक नहीं हुई है। लेकिन हमेशा युवा दिखने के आकर्षण के कारण इसमें हमेशा नई पीढ़ी काम करते हुए दिखाई देती है। इसमें कोई सन्देह नहीं है कि आज की एंकरिंग में सक्रिय युवा पीढ़ी है। तकनीकी मामलों में निश्चित तौर पर पहली पीढ़ी के पत्रकारों से काफी ज्यादा जानती है। निश्चित रूप से आज देश भर में कई बड़े-बड़े संस्थान पत्रकारिता प्रशिक्षण दे रहे हैं। आज के सीखनेवालों की ट्रेनिंग बेहतरीन मशीनों पर आधुनिकतम स्टूडियो में होती है।

लेकिन जिस तरह से सिनेमा के बारे में यह बहस रही है कि केवल तकनीक से कोई फिल्म अच्छी होती है या कहानी से या दोनों के समायोजन से। टेलीविजन पत्रकारिता में भी एंकरिंग की भूमिका को समझने की जरूरत है। सफल एंकर वही हो सकता है जो देश, समाज के सभी पहलुओं को न केवल जानता-समझता हो, बल्कि अवसरानुकूल उन पर टिप्पणी करने की क्षमता भी रखता हो।

आज के दौर में एंकरिंग पर तकनीक का प्रभाव बढ़ रहा है तो उसका कारण यही है कि आज तकनीकी रूप से जानकार लोग तो खूब आ रहे हैं लेकिन विषय को समझने, उसकी गहराई में जाने में उनकी दिलचस्पी नहीं दिखाई देती। आज काम के प्रति समर्पण तो बढ़ा है, लेकिन यह भी सच्चाई है कि एक प्रकार का पेशेवर भाव भी उनमें बढ़ा है। यानी जब तक काम करना है तब तक चुस्त-चौकन्ने रहना है और उसके बाद तैयारी का काम डेस्क पर छोड़ दिया। याद रखिए

❑ 1992 में पहले भारतीय निजी चैनल के रूप में 'ज़ीटीवी' की स्थापना की गई। ज़ीटीवी का प्रसारण हिन्दी में होता था। इसके प्रसारण के साथ ही हिंग्लिश भाषा को लेकर बहस की शुरुआत हुई।

एंकर में समाज अक्सर अपने प्रतिनिधि की तलाश करता रहता है। लेकिन इस तरह के पेशेवर एप्रोच से वह चैनल का प्रतिनिधि अधिक लगने लगता है, समाज की कोई छवि उसमें नहीं दिखाई देती।

तकनीकी जानकारी हर एंकर को जरूर होनी चाहिए। उसको ओ.बी. वैन की संभावनाओं-सीमाओं की पूरी तौर पर जानकारी होनी चाहिए। उसको कैमरे से जुड़े पहलुओं की जानकारी होनी चाहिए। उसे साउंड की जानकारी होनी चाहिए, उसे लाइट की जानकारी होनी चाहिए। लेकिन ये जानकारियाँ उसके लिए अतिरिक्त जानकारी भर ही हैं या हो सकती हैं। इसका कारण यह है कि इन सब पहलुओं के विशेषज्ञ आपके साथ होते हैं जो आपसे बेहतर इन सब चीजों को जान-समझ रहे होते हैं।

जब पहाड़गंज में विस्फोट हुए थे तो उसके तीन दिन बाद की बात है—दीपावली का दिन था। रात के दस बजे से बुलेटिन को पढ़ने के लिए मुझे बुलाया गया था। यों ही मेरे ज़ेहन में यह खयाल आया कि आज पहाड़गंज से एंकरिंग करूँगा। कैमरामैन को बुलाया, उससे बात की। उसने कहा कि ओ.बी. वैन तो ले चलते हैं, लेकिन वहाँ पतली-पतली गलियाँ हैं। प्रोड्यूसर ने कहा कि मान लीजिए कुछ फेल हो गया तो। उस दिन संयोग से कोई वैकल्पिक एंकर नहीं था। इसलिए इस बात का भी डर था। लेकिन मैंने कहा कि ओ. बी. वैन है तो सिस्टम फेल होने का सवाल नहीं उठता। अगर ऐसा हुआ तो दस मिनट के लिए कुछ रिकार्डिंग चला दी जाएगी और इसी बीच मैं ऑफिस आ जाऊँगा। पहाड़गंज पास में ही है।

दस बजे जैसे ही मेरे कान में कैमरे के रोल-इन की आवाज आई, उसी के साथ पीछे से मेरे कान में फायर बिग्रेड की आवाज आने लगी। अब कैमरे से उस माहौल की झूलती-भागती तस्वीरें स्क्रीन पर आ रही थीं और फायर बिग्रेड की आवाज भी। शुरू के दो से तीन मिनट तक स्क्रीन पर

□ 1992 आते-आते सरकार ने केबल चैनलों के लिए दरवाजे खोल दिए। हांगकांग की कम्पनी 'स्टार टीवी' के 'स्टार प्लस', 'एमटीवी', 'बीबीसी', 'प्राइम स्पोर्ट्स' सहित पाँच चैनलों को भारत में प्रसारण की अनुमति

मिल गईं। ये सभी अंग्रेजी चैनल्स थे और इनके प्रसारण ने भारतीय संस्कृति बनाम पाश्चात्य संस्कृति की बहस की शुरुआत की।

कोई एंकर नहीं था। यही दृश्य चल रहा था और पीछे से मेरी कमेंट्री चल रही थी कि पहाड़गंज में आग लग गई है। इससे कुल मिलाकर एक ऐसा दृश्य बन रहा था कि जिसने भी 'आजकल' को ट्यून इन किया वह वहीं पर टिका रह गया। इस भौचक्केपन को समझने और उसे खबरों से जोड़ पाने का नतीजा यह रहा कि इससे खबरों में एक ऐसा पहलू जुड़ गया जिसने उस दिन के उस प्रोग्राम की टीआरपी बढ़ा दी।

इसलिए एंकर होने के लिए जो बात समझने की है वह यही है कि खबरों और उसके पहलुओं को समझना और उसके अनुसार तत्काल कार्रवाई करना। अगर आप समावार चैनल में एंकरिंग कर रहे हैं या करने की तैयारी कर रहे हैं तो मानकर चलिए कि आप इस तरह की स्थितियों से बच नहीं सकते। इसलिए आजकल के युवाओं को जिस तरह से तकनीकी पहलुओं की समझ होती है, उसी तरह से वे अगर समाचार और उसकी बारीकियों को भी समझ लें तो सचमुच समाचार प्रसारण में काफी बदलाव आ सकता है। उसमें काफी सुधार हो सकता है। इससे टीमवर्क को बढ़ावा मिलता है।

अब बात यह आती है कि हमारे नए लोग फील्ड में एंकरिंग करने, विपरीत परिस्थितियों को अनुकूल बना पाने में सक्षम हैं या नहीं। वैसे यहाँ सवाल सक्षम होने का नहीं है। यहाँ दबाव इस रूप में रहता है कि इस दिशा में जाना ही पड़ेगा। क्योंकि हमारे यहाँ का समाज बैलेंस नहीं है। हमारे राजनेता व्यवस्थित नहीं हैं। यूरोप की तरह ऐसा नहीं है कि वे एक खास जगह पर आकर अपना बयान देंगे। वे कहीं से कुछ भी बोल देंगे और वह देश की एक बड़ी खबर बन जाएगी। हमारे नीति-निर्धारक भी जब इस रूप में आगे चलते हैं कि किसी को खबर दे देते हैं। कभी-कभी तो बोलते समय उनको भी इसका अन्दाजा नहीं रहता कि खबर इतनी बड़ी हो जाएगी या कि इस तरह से भी इस खबर को व्याख्यायित

किया जा सकता है। ऐसे में एंकर-रिपोर्टर के रूप में आपको ही उस खबर का महत्त्व समझना होगा और उसके अनुरूप तत्काल निर्णय लेना होगा। अब अगर आप इस आकलन को नहीं कर पाते तो यह पत्रकारिता के लिहाज से कमी ही मानी जाएगी।

एंकर को इस बात को समझना होगा कि जिस समाज में, जिस देश में वह काम कर रहा है वह एक 'असंतुलित' समाज है। इसलिए उसमें हमेशा कुछ न कुछ अप्रत्याशित-असम्भावित की सम्भावना मौजूद होती है। इसलिए एक एंकर के रूप में उन सम्भावनाओं पर नज़र रखने, उनको तलाशने, उनकी खोज में जाने की बात न भी हो तो जब ऐसा मौका उपस्थित हो जाए तो तत्काल उसे समझ लेने की क्षमता का विकास करना बड़ा जरूरी होता है। समझने की बात है कि एंकर भी उसी समाज का हिस्सा होता है, वह भी उसी द्वन्द्व, उसी असन्तुलन को देख-समझ रहा होता है। इसलिए यह पहलू अगर उसके काम में भी दिखाई देने लगता है तो वह कुछ अधिक सहज दिखाई देने लगता है। बने-बनाए तरीके से, पूर्व-तैयारी के आधार पर जो एंकरिंग की जाती है वह रोबोटिक लगती है, उसमें न तो प्रयोग की कोई सम्भावना होती है, न ही उसकी कोई खास गुंजाइश होती है। सबकुछ ढर्रे के मुताबिक लगने लगता है। इस तरह की एकरसता से निकलने की राह भी एंकर को ही तलाश करनी पड़ती है। प्रयोग करने ही पड़ेंगे। यह माध्यम सम्भावनाओं से आगे जाने का माध्यम है। इसलिए इसकी सीमाओं से भी आगे जाने की कोशिश की जानी चाहिए।

हमारे यहाँ टी.वी. अभी पूरी तौर पर प्रोफेशनल नहीं हुआ है। वह सीख रहा है। कहना चाहिए कि वह प्रोफेशनल होने की प्रक्रिया में है। अगर हम यह मान लें कि टेलीविजन वही होता है जो दिखाई दे रहा होता है तो इसमें यह देखने की आवश्यकता है कि इससे सीधे तौर पर जुड़े हुए जो लोग हैं वे मैच्योर हैं कि नहीं।

❑ **टेलीविजन प्रसारण की स्वायत्तता की दिशा में सरकार ने पहल की और 1990 में प्रसार भारती अधिनियम पारित किया। लेकिन उसे कार्यरूप देते-देते वर्ष 1997 आ गया।**

> ❑ 26 जनवरी 1993 को दूरदर्शन ने व्यावसायिक आधार पर कार्यक्रम दिखाने के लिए मेट्रो चैनल की शुरुआत की।

सीधे तौर पर दिखाई देनेवाली चीजें क्या होती हैं। सबसे पहले तो एंकर होता है। वह हमेशा दिखाई देता है। उसके बाद रिपोर्टर दिखाई देता है। इन दो से आप जैसे ही हटिएगा आपको ग्राफिक्स दिखाई देने लगते हैं। इसके अलावा, 'सुपर्स' दिखाई देते हैं—सुपर्स यानी टी.वी. स्क्रीन पर नीचे पंक्ति के रूप में चलनेवाली खबरें। हमारे टी.वी. में जो लोग सुपर लिखते हैं वे सीनियर पत्रकार नहीं होते हैं। वहाँ गलतियाँ दिखाई देने लगती हैं। इनको प्रशिक्षण देने की दिशा में कुछ नहीं होता। एंकर्स, रिपोर्टर्स के स्तर पर इनमें किसी का भी प्रशिक्षण नहीं होता।

ऐसे में होता यह है कि इन चारों ऊपर के बताए गए हिस्सों में वह हिस्सा हमेशा भारी हो जाएगा जिस हिस्से के लोग चैनल में सीनियर स्तर पर अधिक होंगे। ऐसे वरिष्ठ लोग हमारे यहाँ बहुत कम हैं जो स्क्रीन पर भी आते हों, कामकाज भी सँभालते हों और जो सीनियर भी हों। जो ऐसे हैं उनको आप देखिएगा कि वे ही थोड़े-बहुत प्रयोग कर भी रहे हैं। अन्यथा प्रयोग न के बराबर हो रहे हैं।

रिपोर्टिंग में भी यही है। मान लीजिए कि एक तबका ऐसा है जो सीनियर भी है तो क्या वह टेलीविजन पत्रकारिता सीख रहा है या उसके मन में अभी भी प्रिंट बसा हुआ है। इसका कारण यह है कि समझने की जरूरत है, यह फर्क बहुत ज्यादा है। प्रिंट में जो बात आपकी खबर के आखिरी पैरे में आ रही होगी, वह यहाँ पहले पैरे में लानी होगी, पहले पैरे क्या, हो सकता है पहली पंक्ति में। अब मान लीजिए कि अमेरिकी राष्ट्रपति जार्ज बुश के भारतीय दौरे को लेकर किसी अखबार में आप खबर लिखते हैं और उसके विरोध के बारे में लिखते हुए आखिर में आप यह कहते हैं कि अलग-अलग प्रान्तों से आए हुए लोग लाल किले में भरे हुए थे और उसमें पहली बार यह नजर आया कि वामपंथी काडर समूचे देश में अब भी मौजूद है, क्योंकि समूचे देश से लोग विरोध करने पहुँचे थे। हाथों में लाल झंडा लिए हुए थे, हाथों में तख्तियाँ

थीं, नारे लगा रहे थे और इनके ज़ेहन में हो सकता है कि पश्चिम बंगाल का चुनाव हो। आप चाहकर भी इस मोटी बात को टी.वी. में छोड़ नहीं सकते हैं क्योंकि उसमें आपका कैमरा शुरू यहीं से होता है, जब आपका कैमरा शुरू होगा तो आप कौन-सा शॉट पहला लेंगे। आप शुरू ही इससे करेंगे कि देश भर का वामपंथी काडर आज बुश का विरोध करने लाल झंडे लिए लाल किले के मैदान में इकट्‌ठा हुआ। उसे इस बात का आक्रोश था कि सरकार ने अमेरिका राष्ट्रपति के लिए रेड कार्पेट क्यों बिछा दिया है। लेकिन ऐसी खबरों को लेकर एंकर की भूमिका काफी बड़ी हो जाती है। उसे पता होना चाहिए कि जब खबर का पैकेज़ पूरा होगा तो क्या-क्या विज़ुअल होंगे? अगर ऐसा नहीं है तो एंकर महज सपाटबयानी कर देगा या विवेक-प्रदर्शन को लेकर समूची जानकारी अपने 'वक्तव्य' में दे देगा। जबकि एंकर की भूमिका को लेकर उसकी टिप्पणी करते हुए आगे की खबर को लेकर रोचकता जगाती है, साथ ही समूची जानकारी भी नहीं देनी है। तो वह कह सकता है : "मनमोहन सरकार गठबन्धन की सरकार है। ऐसे में रेड कार्पेट और लाल झंडे का फ़र्क मिटता रहा है, लेकिन लालझंडा कहीं रेड कार्पेट के नीचे खो ना जाए, इसलिए दिल्ली में ही रेड कार्पेट कहीं और बिछी, और लाल झंडा कहीं और नजर आया।"

❑ 1995 में 'आजतक' नामक 20 मिनट के समाचार आधारित कार्यक्रम की शुरुआत डीडी मेट्रो पर हुई। 'आजतक' ने भारत में समाचार-आधारित कार्यक्रमों और स्वतंत्र समाचार चैनलों की शुरुआत को दिशा दी।

❑ 1995 में सरकार ने केबल टी.वी. नियमन के लिए अधिनियम पारित किया।

स्टूडियो के बाहर शो की एंकरिंग

दरअसल अब स्टूडियो को लेकर भी नए प्रयोग हो रहे हैं। साथ ही एंकर में भी वेरायटी नज़र आए इस पर भी खास ध्यान दिया जा रहा है—खासकर स्टूडियो से बाहर स्टूडियो। आप कह सकते हैं बन्द कमरे से निकलकर खुले आकाश-तले एंकरिंग। अगर आकाश-तले न भी हो तो भी बिल्कुल नई जगह। किसी खास स्थान, स्थल विशेष पर खड़े होकर या बैठकर एंकरिंग।

ऐसी स्थिति में किसी एंकर के लिए पहली चुनौती उठ खड़ी होती है कि उसके सामने टेली प्रॉम्पटर नहीं होता है। जो भी बोलना होता है खुद ही बोलना होता है। ऐसे में एंकर की असली परीक्षा होती है। ऐसे में ही एंकर की वरिष्ठता, उसका ज्ञान, उसकी बुद्धि, चीज़ों को समझने की उसकी तत्परता की परीक्षा हो पाती है। यहाँ बात सिर्फ परीक्षा की ही नहीं है। आजकल समाचार चैनलों में जिस तरह से बदलाव आ रहे हैं, प्रोग्रामिंग को लेकर नए-नए प्रयोग हो रहे हैं, उसमें सबसे अधिक यही स्थिति बनती जा रही है कि स्टूडियो से बाहर की एंकरिंग के अधिक से अधिक अवसर हों।

एंकरिंग का काम कोई फिल्म में अभिनय करने, किसी टी.वी. धारावाहिक में काम करने या नाटक में कोई रोल निभाने जैसा नहीं होता है। इसमें आप हमेशा अपनी ही भूमिका में होते हैं। इसलिए जब आप स्टूडियो के बाहर वास्तविक स्थितियों में होते हैं, जब आपके पास टेलीप्रॉम्प्टर नहीं होता, स्क्रिप्ट नहीं होती है, तब जाकर आपको एंकरिंग की चुनौतियों का अहसास होता है। ऐसे में पत्रकार के रूप

में आपके अपने अनुभव काम आते हैं।

2004 में जब भारतीय जनता पार्टी चुनाव हार गई थी उस समय हमने एक प्रयोग किया था। भारतीय जनता पार्टी की हार के बाद उसकी राष्ट्रीय कार्यकारिणी की बैठक मुम्बई में बुलाई गई थी। उसे कवर करने 'आजतक' की ओर से हम तीन लोग गए हुए थे। एंकर-रिपोर्टर के तौर पर मैं गया था। उस दौरान हमारे पास कैमरा एक था। वैसे तो दो कैमरे थे, लेकिन एक कैमरा अन्दर उस जगह पर लगा हुआ था जहाँ बैठक हो रही थी। लेकिन वहाँ रिपोर्टर को जाने की इजाजत नहीं थी। उसमें बाहर से ही हमें रिपोर्टिंग-एंकरिंग करनी थी। साधन सीमित थे, अवसर सीमित थे। इस घटना का यहाँ उल्लेख मैं इसलिए कर रहा हूँ कि इससे यह अन्दाजा लग सके कि किस तरह की चुनौतियाँ ऐसे हालात में पेश आती हैं, लेकिन अगर टीमवर्क से काम किया जाए तो किस तरह ऐसे हालात में भी बेहतर परिणाम पैदा किए जा सकते हैं।

प्रोग्राम शुरू हो गया। मुझसे कहा गया कि आपको वहीं से एंकरिंग करनी है, टॉस कर दिया जाएगा। आपको बताना है कि आज से बैठक शुरू हो रही है। लोकसभा चुनावों में हार के बाद बीजेपी पहली बार मिल रही है, पहली बार उसके आला नेता विचार-विमर्श करने के लिए इकट्ठा हुए हैं। क्या मूड होगा वाजपेयी का, क्या मूड होगा आडवानी का। नेताओं-कार्यकर्त्ताओं के सामने वे किस प्रकार आएँगे। मुझे यह कहा गया कि आपके इन सारी बातों को समझते हुए बोलना है।

दस बजे कार्यक्रम को शुरू होना है। कैमरा हमारे पास केवल एक है। कार्यक्रम शुरू होने से पाँच या दस मिनट पहले मैंने उनसे कहा कि आपको केवल इतना करना है कि दिल्ली में स्टूडियो में एंकर को बिठाए रखना है। एंकर के एक्शन में आने की स्थिति आएगी नहीं लेकिन अगर आई तो वह हमारी बातों को सुने। उसके बाद हमने अपने बैकग्राउंड में

□ 1996 में 'स्टार टी.वी.' ने हिंदीकरण की एक अनोखी योजना बनाई। उसने दूरदर्शन द्वारा पूर्व-प्रसारित चंद सफल हिन्दी धारावाहिकों के पुनर्प्रसारण से अपने हिन्दी चैनल 'स्टार प्लस' को सफल बनाया।

रेडिसन होटल के बाहर के सुन्दर तालाबों और पहाड़ी के इलाके को लिया। मेरे साथ रिपोर्टर के तौर पर संजय ब्रागटा थे। मैंने उनको वहीं खड़ा कर दिया। अन्दर किसी को जाने की इजाजत नहीं थी, इसलिए उसे होटल के सामने खड़ा कर दिया। होटल के बाहर सीमेंट का एक छतरीनुमा ढाँचा बना हुआ था, वहीं पर हमने अपना कैमरा लगा दिया। कैमरापर्सन को भी कुछ निर्देश दिये।

उसके बाद उसने टॉस किया और मैंने कहना शुरू किया : पाँचसितारा होटल का सुख। अभी-अभी 'इंडिया शाइनिंग' की हार हुई है। इन वादियों को देखकर कहीं से यह पता भी चलेगा कि हिन्दुस्तान में कितनी गरीबी है, कितनी विषमता है। इसी तरह से मैंने बीजेपी और उसकी बैठक के बारे में बोलना शुरू कर दिया। वहाँ होटल के पास जो पहाड़ी थी, उसकी ऊँचाई पर पार्क बना हुआ था। मैंने कहा कि इस पार्क की खूबसूरती को देखिए। इसके तुरन्त बाद हम आपको ले चलेंगे अपने रिपोर्टर संजय ब्रागटा के पास, जो आपको यह बताएँगे कि अन्दर क्या चल रहा है। बैठक में मुद्दे क्या उठाए जा रहे हैं।

अब कैमरे की एक ओर मैं, बीच में पहाड़ है और उसके दूसरी तरफ रिपोर्टर था। उसने कैमरा जूम इन किया और उस पार्क को दिखाने लगा। मेरी कमेंटरी चल रही थी कि यहाँ जब वाजपेयी और आडवानी आएँगे तो उनको लगेगा कि मुम्बई कितनी हसीन है, जबकि मुम्बई के अन्दर के जीवन में कितनी उथल-पुथल है, यह उनको दिखाई नहीं देगा। इस बीच कैमरापर्सन ने कैमरे को जूम आउट करना शुरू किया और फ्रेम में रिपोर्टर आ गया। मैंने सिर्फ इतना बोला कि और बताइए संजय क्या हो रहा है। इससे परदे पर मेरी आवाज आई और संजय की तस्वीर आ गई।

अब इस कार्यक्रम के दौरान हमारे पास कैमरा ही केवल एक नहीं था, माइक भी एक ही था। तो मैंने अपनी बात बोलकर माइक को भी उसकी ओर बढ़ा दिया था। उसने

❑ 2001 में गुजरात में आए भूकंप, अमेरिका में 11 सितंबर 2001 की घटना और अफगानिस्तान युद्ध की घटनाओं के कारण दर्शकों ने समाचार चैनलों की ओर रुख किया।

माइक पकड़ा और बोलना शुरू कर दिया। वह सारा घटनाक्रम बताने लगा। इस बीच मैंने कैमरामैन को इशारा किया कि वह कैमरे की माइक को खोल दे। इससे मेरे मूवमेंट को वह नहीं पकड़ता और मैं कैमरे के पास तक आ सकता था। इस दौरान हमने एक काम और किया था कि करीब एक-एक मिनट के अपने चेहरे के हाव-भाव को भी हम लोगों ने रेकार्ड करवा दिया था। इसे तकनीकी शब्दावली में 'नॉडी' कहते हैं।

जब संजय बोल रहे थे तो पीसीआर ने जो दो फ्रेम बना लिए थे एक में वह बोल रहे थे, दूसरे में मुझे गर्दन हिलाते हुए दिखाया जा रहा था। इसके बाद कैमरामैन ने संजय को आउट ऑफ फोकस कर दिया। अब स्क्रीन पर मेरा चेहरा था और संजय की आवाज रह गई। उसके बाद उसी कोन्टीन्युटी में मैंने माइक पकड़कर बोलना शुरू कर दिया। इससे कट नहीं आया। सबकुछ लाइव ही लगता रहा।

इसी तरह से वह आधे घंटे का प्रोग्राम किया। यह इसका बड़ा अच्छा उदाहरण है जब आप स्टूडियो से बाहर एंकरिंग कर रहे हों, साधनों का आपके पास अभाव हो, तब भी सुन्दर तालमेल और तकनीकी कला से कितनी अच्छी तरह से एंकरिंग की जा सकती है। जिसने भी इस कार्यक्रम को देखा उसने कहा कि इसमें कम से कम दो या तीन कैमरों का उपयोग किया गया है जबकि हकीकत यही थी कि कैमरा हमारे पास एक ही था। रिपोर्टर्स दो अलग-अलग स्थानों पर खड़े थे। उनकी पृष्ठभूमि अलग थी। बस इतनी तकनीकी समझ से ही टी.वी. में कमाल किया जा सकता है।

इससे जो बात निकलकर आती है वह यह है कि टेलीविजन में एंकरिंग का काम आसान बनाने के लिए बहुत जरूरी है कि आपको कैमरे की भाषा की समझ आनी चाहिए। उसके अन्दर कैमरे की इतनी समझ होनी चाहिए कि वह उसकी भाषा को अपनी भाषा समझने लगे। कैमरे से कैसे खेला जाता है, यह सीखना आवश्यक हो जाता है। खासकर तब जब आप इस माध्यम से जुड़कर उसमें कोई मुकाम

□ 1997 के आम चुनावों के समय 'ज़ीटीवी' ने घाटे में चल रहे अपने चैनल 'एलटीवी' को बंद करके उसके स्थान पर 'ज़ीइंडिया टीवी' नामक हिंदी समाचार चैनल की शुरुआत की। जवाब में स्टार टीवी ने

भी 24 घंटे के हिन्दी समाचार चैनल की शुरुआत कर दी। इस तरह भारत में समाचार चैनलों की प्रतियोगिता का नया दौर आरम्भ हुआ। बाद में 'आजतक' के समाचार चैनल आने के बाद यह प्रतियोगिता और कड़ी हुई।

बनाना चाहते हैं। कैमरामैन तो तकनीकी रूप से दक्ष होता ही है अपने काम में, लेकिन अगर आप भी कैमरे के उपयोग को समझने लगते हैं, तो आप सही समय पर उसे सही सुझाव दे सकते हैं और उससे दृश्य खूबसूरत बन सकते हैं। कैमरामैन तो तकनीकी रूप से चीजों को जानता-समझता है, मगर आप एंकर के रूप में किसी दृश्य की कल्पना समाचार के एंगल से कर रहे होते हैं।

इसके साथ ही साथ इस तरह की स्थितियों में आपके अन्दर बोलने की स्पॉन्टेनिटी का होना बहुत जरूरी है। बहुत जरूरी है कि इन सारे तकनीकी प्रयोगों के बीच आप सहज-भाव से बोलते रहें क्योंकि आपकी सहजता ही इस तरह के प्रयोगों को सफल बनाती है। आप कहीं विषय से भटक तो नहीं रहे हैं। साथ ही साथ आपके दिमाग में यह भी साफ रहना चाहिए कि कैमरे में फ्रेम क्या-क्या बन रहे हैं यानी दृश्यों का संयोजन किस तरह से बननेवाला है। अगर यह दृश्य-संयोजन आपके दिमाग में साफ है और आप विषय के हिसाब से बोल रहे हैं तो दिक्कत नहीं होती है।

बाहर एंकरिंग यानी स्टूडियो के बाहर से एंकरिंग करने में प्रयोगों की गुंजाइश खूब रहती है। यहाँ एंकरिंग करने का मतलब यह है कि खबरें वहाँ से भी चल रही हैं, जहाँ से एंकरिंग हो रही है। दूसरे, यह होता है कि कुछ प्रोग्राम ऐसे हैं जिनको आपने बाहर रेकार्ड कर लिया है जबकि एंकरिंग में यह होता है कि स्टोरी चलाई तो स्टूडियो से जा रही होती है, मगर उसकी एंकरिंग बाहर से हो रही होती है।

अब एक और प्रयोग की बात करें। हमने यह प्रयोग मध्यप्रदेश के चुनाव के समय किया था, उज्जैन में। उज्जैन में जो महाकाल का मन्दिर है उसका बड़ा महत्त्व है। उसमें हम रात के 12 बजे पहुँचे। हमें यह बताया गया था कि 12 बजे के आसपास अगर आप वहाँ जाएँ तो उस समय सफाई वगैरह चलती रहती है, कोई दिक्कत नहीं होगी। हम उससे थोड़ा पहले ही वहाँ पहुँच गए। मेरे साथ ओ.बी. वैन भी थी।

मध्यप्रदेश के चुनाव में मैं ओ.बी. वैन लेकर घूम रहा था तभी अचानक हमें यह ख्याल आया कि आधी रात को जब हम दर्शन कर सकते हैं तो क्यों न पूरा देश उस समय महाकाल के दर्शन करे। देखे सारा देश कि कैसी छटा होती है आधी रात में महाकाल की।

हम लोगों ने वहाँ से दिल्ली ऑफिस में फोन किया। एनडीटीवी में बारह बजे रात का समाचार लाइव होता है और उस समय से समाचारों का एक नया चक्र शुरू होता है। हमें ऑफिस से इसकी अनुमति मिल गई कि ठीक है जो करना है सो करो। मैंने कहा कि 12 बजे रात में बुलेटिन दिल्ली के स्टूडियो से शुरू होगी। एंकर ने दिल्ली में इसकी शुरुआत करते हुए कहा कि यह पहला मौका होगा कि जब हम रात के 12 बजे महाकाल के दर्शन करने चलेंगे—उज्जैन। यह इसलिए क्योंकि मध्यप्रदेश में विधानसभा चुनावों की गहमागहमी के इस दौर में महाकाल में नेता दो ही वक़्त दर्शन करने आते हैं—सुबह को जब पहली आरती हो रही होती है और रात के 12 बजे जब सफाई का काम शुरू हो रहा होता है। उसने कहा कि 12 बजे रात को महाकाल की नगरी उज्जैन का यह महत्त्व है। लेकिन संयोग से आज वहाँ कोई राजनेता नहीं है दर्शन के लिए। आज वहाँ हमारी टीम है। इसके बाद उसने शिफ्ट कर दिया वहाँ से।

रात को खाली होता है महाकाल का मन्दिर। वहाँ कोई नहीं होता है। हालाँकि हमारी ओ.बी. वैन को देखकर, कैमरे को देखकर वहाँ अच्छी-खासी भीड़ जुट गई। वहाँ मन्दिर में घुसने के लिए एक गलियारा है, उससे गुजरकर आगे मुड़ने पर मन्दिर का मुख्य परिसर आता है। अब वहाँ बिजली के प्वाइंट की समस्या उठ खड़ी हुई, क्योंकि लाइट कहाँ लगाई जाए? खैर, गलियारे के दूसरे सिरे पर, जहाँ से वह मुड़ जाता था, लाइट के लिए बिजली का प्वाइंट मिल गया।

उसके बाद मैंने गलियारे से कमेंटरी करते हुए चलना शुरू कर दिया। महाकाल का महत्त्व, मध्यप्रदेश की राजनीति में

□ 1965 में सरकार ने डॉ. एस. भगवंतम की अध्यक्षता में पहली बार दूरदर्शन के भविष्य के बारे में विचार करने के लिए एक समिति गठित की।

□ भगवंतम समिति ने टेलीविजन को रेडियो के पूरक सहयोगी के तौर पर चलाने की वकालत की।

महाकाल का मतलब और इस राजनीति में बीजेपी का आना। कुछ ही दिनों पहले भोजशाला में दंगे हुए थे। उसके सन्दर्भ में बोलते हुए गलियारे के सिरे पर पहुँचकर मैंने बोलना जारी रखा। इसी बीच में लाइट वाले ने लाइट को दूसरी ओर के प्वाइंट में लगा दिया और फिर मेरे कान में यह सन्देश आया कि अब आप मूवमेंट कर सकते हैं। लाइट के कारण समस्या यह थी कि ओ.बी. वैन की लाइट गलियारे तक तो आ रही थी, जहाँ से गलियारा मुड़ता था। उसके बाद के लिए लाइट के प्वाइंट को बदले जाने की जरूरत थी।

इधर मेरी कमेंटरी चल रही है और उधर महाकाल की सफाई चल रही है। कोई फर्श घिस रहा है, कोई दीवार रगड़ रहा है। पूरी तरह से सफाई की जाती है रात में मन्दिर परिसर की। अद्भुत दृश्य था यह। बहरहाल, इस तरह के अचानक के प्रयोगों को करके भी हमने यह देखा है कि आपसी तालमेल, कैमरे की समझ, तकनीक के उपयोग को समझने के कारण कम समय-सीमा में ही हमने एक कार्यक्रम किया और जिसको लेकर बाद में अनेक फोन आते रहे कि वह सब कितना पूर्व-नियोजित था।

इस सबसे जो बात निकलकर सामने आती है वह यही है कि एंकरिंग करना एक तरह से उसको जीना भी होता है। जीना इस रूप में नहीं कि आप उसके आधार पर समाज में अपने लिए कोई विशिष्ट दर्जा चाहें। वह जीना इस रूप में है जैसा कि ऊपर मैंने आपको कुछ उदाहरण बताए। इनमें ऐसा नहीं है कि आपके काम का वक़्त पूरा हो गया, आपका ध्यान खबरों से हट गया या आप एंकर हैं तो आपको खबरों से क्या लेना-देना। आपको तो बस प्रस्तुत-भर कर देना है। अगर इस तरह की मानसिकता के साथ मैं काम कर रहा होता, तो महाकाल का दर्शन हो सकता है, खुद भी करता, अपनी टीम के सदस्यों के साथ करता और सोने चला जाता। ऐसा नहीं होता है। रात के 12 बजे से कुछ समय पहले जब हम लोग महाकाल के पास पहुँचे तो वहाँ का माहौल देखकर

हमें स्टोरी का विचार कौंधा और हमने उसी समय न केवल उसे कर डालने का निश्चय किया बल्कि कर भी दिखाया।

यह तत्परता, यह सूझबूझ, स्टोरी को समझने, उसके प्रभाव को आँकने की यह क्षमता ही किसी एंकर को एंकर बनाती है। इसलिए मुझे नहीं लगता कि इसके बिना किसी एंकर को समाज में मान्यता मिल सकती है या इस माध्यम से उसकी उम्र लम्बी हो सकती है। इसीलिए मैं कहता हूँ कि एंकरिंग पेशा नहीं आपके जीवन का हिस्सा होना चाहिए। आपको उसे जीना आना चाहिए।

□ 1966 में सरकार ने दूरदर्शन यानी टी.वी. की समाज में भूमिका को परखने के लिए चंदा समिति का गठन किया।

चंदा समिति ने पहली बार दूरदर्शन को एक स्वतंत्र माध्यम के रूप में विकसित किए जाने की सिफारिश की जिसे मूर्त रूप लेने में एक दशक बीत गया।

बाहर से एंकरिंग

स्टूडियो से बाहर से एंकरिंग करने में एक और बात ज़ो ध्यान रखने की है वह यह है कि स्टूडियो के बाहर से एंकरिंग करने का मतलब यह नहीं होता है कि स्टूडियो के बाहर भी आप एक स्टूडियो बना लें और वहाँ से एंकरिंग करें। स्टूडियो से बाहर आप जाते ही इसलिए हैं कि परदे की एकरसता कुछ टूटे, देखनेवाले जीवन्त स्थितियों में टी.वी. को देखें। इसमें एक और बात जो ध्यान रखने की होती है, कि आप जहाँ से भी, जिस स्थान से एंकरिंग कर रहे हों आपको उस स्थान की भौगोलिक, सामाजिक, राजनीतिक, आर्थिक पहलुओं की छोटी-बड़ी सारी जानकारी होनी चाहिए। आपको पता होना चाहिए कि उस जगह का उस शहर में क्या महत्त्व है, वहाँ की क्या-क्या खासियत है। अगर आपका कैमरा, आपकी कमेंटरी इसको नहीं बताती है तो बाहर से एंकरिंग करने का कोई उद्देश्य समझ में नहीं आता है। लोग आपके उस कार्यक्रम से जुड़ें इसके लिए यह जरूरी होता है कि आप उस जगह से जुड़ें।

अब आपको एक घटना बताऊँ। हम लोग ग्वालियर में प्रोग्राम कर रहे थे। वहाँ के कलेक्टरेट के बाहर हम कार्यक्रम कर रहे थे और अटलबिहारी वाजपेयी के भांजे अनूप मिश्रा वहाँ हमारे साथ थे। उन्होंने कहा कि अगर भाजपा की सरकार नहीं आई होती तो देश में इतना विकास नहीं हुआ होता, देश विनाश की ओर चला गया होता। भाजपा शासन ने देश को खुशहाली और समृद्धि का रास्ता दिखाया। उनके कहने का कुल लब्बोलुबाब यह था कि एनडीए ने देश के रुके हुए विकास के इंजन को चालू कर दिया। उसके आने

से पहले सबकुछ रुका हुआ था।

मैंने उस कार्यक्रम से पहले उस इलाके की एक खास चीज़ को नोटिस कर लिया था। उस इलाके के घंटाघर की घड़ी बन्द पड़ी थी। जैसे ही अनूप मिश्रा ने यह कहा तो मैंने अपने कैमरामैन की ओर इशारा किया और उसने कैमरा ऊपर कर दिया। मैंने कहा कि देखिए अनूप मिश्रा जी, आप कह रहे हैं कि एनडीए शासन ने हर रुकी हुई चीज को चालू कर दिया, लेकिन आपके इलाके की यह घड़ी है, लोग कहते हैं कि यह पिछले 15 सालों से बन्द पड़ी है। इसके बारे में आपका क्या ख्याल है। ठहाका लग गया। मैंने अपने कैमरामैन से यह कह रखा था कि इसको पूरे कार्यक्रम के दौरान कहीं न कहीं इसे उपयोग में लाना है। मैंने उससे कह रखा था कि मैं जैसे ही इशारा करूँ तुम कैमरा ऊपर कर देना। उसने कर दिया और एक अद्‌भुत दृश्य पैदा हो गया। मेरा यह कहना है कि इस तरह की छोटी-छोटी चीज़ों से ही बाहर से की गई एंकरिंग कारगर हो पाती है।

मुझे एक घटना और याद है। मध्यप्रदेश के शिवपुरी में हम एनडीटीवी के लिए 'वोटयात्रा' कार्यक्रम कर रहे थे। आखिरी वक़्त में यशोधरा राजे ने आने से इंकार कर दिया तो मैंने जानबूझकर उनकी कुर्सी लगवाई। उसे खाली रखा और लाइव प्रोग्राम के बीच बार-बार दोहराता रहा है कि उन्होंने वायदा किया है, वक़्त निकलते ही वे प्रोग्राम में पहुँचेंगी। यकीन जानिए 10 मिनट बाद लाइव प्रोग्राम के बीच वह आ पहुँचीं। वजह बहुत साफ थी। मौका चुनाव का था। विरोधी उम्मीदवार वहाँ मौजूद था। यशोधरा राजे की कुर्सी खाली थी। जब प्रोग्राम शुरू हुआ जो लाइव था तो मैंने कमेंट भी किया। यशोधरा विधायक हैं उनकी ज़रूरत जनता से ज्यादा विधानसभा के गलियारे में है। फिर यशोधरा राजे तो अमेरिका-इंग्लैंड भी रही हैं। ऐसे में शिवपुरी में पानी-बिजली, न्यूनतम मज़दूरी सब बेमानी लगते हैं। बस घर में उन्होंने यह सब देखा और तुरन्त प्रोग्राम के बीच हाजिर हो गईं।

□ 1977 में आई जनता सरकार के दौर में पत्रकार बी. जी. वर्गीज की अध्यक्षता में दूरदर्शन के प्रसार और विकास के आकलन के लिए समिति गठित की गई। इस समिति की रिपोर्ट 1978 में आई।

एंकर की सामाजिकी

किसी एंकर की देहभाषा (body language) और उसकी भावनाओं का बड़ा महत्त्व होता है। एंकर जब टी.वी. के परदे पर किसी रिपोर्टर या किसी और व्यक्ति से संवाद स्थापित कर रहा होता है तो यह बात महत्त्वपूर्ण होती है कि वह जो कुछ पूछता है उसमें दर्शकों के अन्दर घुमड़नेवाले सवालों को जगह मिल पाती है या नहीं। वह इस तरह से पूछता है या नहीं कि उससे दर्शकों के अन्दर चलनेवाले सवाल शान्त हो जाएँ।

एंकर की समाज के अन्दर पहुँच होनी चाहिए, उसकी व्याप्ति उसी समाज में होनी चाहिए। आपको एक उदाहरण बताऊँ कि सीएनएन में एक एंकर हैं एंडरसन कूपर। पिछले तीन महीनों में उसने प्राइम टाइम एंकर के रूप में अपनी जगह बनाई है। उसने इसलिए यह जगह बनाई है क्योंकि पिछले दिनों जब अमेरिका में कैटरीना की लहरों ने तबाही मचाई थी तो एंकर के रूप में उसने जो रिपोर्टिंग की थी उसी ने जनता के बीच उसकी वह जगह बनाई। कैटरीना की तबाही को लेकर उसकी अपनी जानकारी इतनी पुख़्ता थी कि वह अक्सर अपने सवालों से सरकारी अधिकारियों, मन्त्रियों को विचलित कर देता था और देखनेवालों को लगता था कि यह तो हमारे बीच का आदमी है। यह तो हमारी अपनी बात कर रहा है। मसलन एक बार स्टूडियो में एक मन्त्री ने कहा कि फलाँ इलाके में कैटरीना की तबाही के बाद हमने राहत पहुँचाई है तो उस एंकर ने तत्काल जवाब दिया—आप ग़लत कह रहे हैं। इस इलाके की फलाँ स्ट्रीट में अभी भी कई बुज़ुर्गों

❑ बी. जी. वर्गीज समिति ने आकाश भारती नामक एक स्वायत्त निगम बनाने की सिफारिश की जिसके अंदर इस तरह के प्रावधान हों कि रेडियो और टी.वी. दोनों इसके अंतर्गत स्वायत्त रूप से काम करें।

के शव लावारिस पड़े हुए हैं। बहस के बाद सब जान गए मन्त्री ग़लत जवाबी कर रहे थे। दरअसल यह हमारे यहाँ भी हो सकता है। मैं खुद ऐसे प्रयोग स्टूडियो में कई बार कर चुका हूँ। गुड़गाँव के हौंडा के कर्मचारियों की पिटाई के बाद जब राजनीति गर्म हुई तो कई नेता वहाँ जा पहुँचे। चूँकि सीपीआई की यूनियन है तो गुरुदास गुप्ता भी पहुँचे। मैंने वहाँ अस्पताल में देखा (संयोग से उस वक़्त अस्पताल में मैं भी मौजूद था जब गुरुदास गुप्ता पहुँचे) कि सांसद महोदय केले, ब्रेड, ग्लूकोस के पैकेट के साथ पहुँचे। लेकिन घायल कर्मचारी इतने थे कि महज 10 फीसदी को ही यह सब मिला। खैर रात में अपने प्रोग्राम '10 तक' में वह बतौर मेहमान मौजूद थे। मैंने कर्मचारियों के हाल-बेहाल का जिक्र किया तो वे तुरन्त बोल पड़े। मैं खुद गया था गुड़गाँव। मैंने सभी को भोजन दिया। ग्लूकोज़ दिया। मैंने तुरन्त कहा, आप ग़लत बोल रहे हैं। वह भोजन नहीं नाश्ता था। वह भी मीडिया को दिखाने के लिए क्योंकि उससे महज 10 फीसदी कर्मचारी ही पा सके। उन्होंने कहा, आप नहीं जानते, मैं केले, ब्रेड, ग्लूकोस लेकर गया था। मैंने जवाब दिया...आप ठीक कर रहे हैं लेकिन जो आप ले गए वो एक वार्ड के घायल कर्मचारियों को भी नहीं पूरा हुआ जबकि छह-सात वार्ड में घायल कर्मचारी भरे हैं। गुरुदास ने सिर्फ इतना कहा—मैं आपकी बात से इत्तेफ़ाक नहीं रखता। यह एक तरह की पहल है जिसे एंकर को करनी चाहिए। लेकिन कभी-कभी एंकर को एंकरिंग के बग़ैर भी किसी घटनास्थल पर वक़्त मिले तो माहौल को समझने जाना चाहिए। इससे एंकरिंग के वक़्त वहाँ के माहौल को विस्तृत तौर पर बताने में सहूलियत होती है। जैसे मैं खुद आरक्षण विरोधी मेडिकल छात्रों के विरोध-प्रदर्शन को समझने दोपहर में इंडिया गेट पहुँच गया। वहाँ रिपोर्टर था। वे अपनी रिपोर्टिंग कर रहे थे। मैं सिर्फ यह समझने गया था कि आरक्षण को लेकर उनकी समझ क्या है? वे मंडल का विरोध करनेवाले राजीव गोस्वामी के बारे में कुछ ज्यादा

❑ 1979 में संसद में आकाश भारती के प्रस्ताव के आधार पर बिल लाया गया तो संसद ने प्रसार भारती नामक एक निगम बनाने सम्बन्धी विधेयक को पास कर दिया। प्रसार भारती बहुत बाद में 1997 में लागू हुआ।

नहीं जानते थे। मंडल कमीशन के बारे में ज्यादा जानकारी नहीं थी। ओबीसी में कितनी जातियाँ हैं और उनकी जनसंख्या 52 फीसदी है यह कोई नहीं जानता था। जब मैंने कहा 3743 जातियाँ हैं तो कुछ मेडिकल छात्रों ने आश्चर्य जताया कि सरकार उनके लिए कुछ करती क्यों नहीं। मेडिकल छात्र आन्दोलन कर रहे थे लेकिन हर सुविधा से लैस थे। मसलन पानी की बोतल, कोल्डड्रिंक, धूप से बचने के लिए छाता, चश्मा, साथ ही बिस्कुट, केक की व्यवस्था भी वहीं थी। यह था अन्तर मंडल-I और मंडल-II के विरोध का। मैंने जब रात '10 तक' में एंकरिंग की तो इन सब स्थितियों की जानकारी खुले तौर पर दी। एंकर को यह अहसास होना चाहिए कि अगर वह समाज में घुमड़ता है तो खबर की नब्ज़ पकड़ सकता है। यही एंकर की सफलता है।

एंकर रिपोर्टिंग भी करता है स्टूडियो से अगर वह चीज़ों को जान रहा होता है। मैं आपको अपना एक उदाहरण बताऊँ, जिस दिन क्रिकेटर राहुल द्रविड़ की शादी की खबर आई कि नागपुर में उनका विवाह हो रहा है, हमारा रिपोर्टर नागपुर से बता रहा था कि खबर आई है कि राहुल द्रविड़ की शादी हो रही है और नागपुर वाले यह कह रहे हैं कि राहुल द्रविड़ उनका दामाद हो जाएगा, मैंने कहा कि सवाल यह नहीं कि राहुल द्रविड़ दामाद हो जाएगा। सवाल यह है कि आप गए हैं वायुसेना नगर के एम ब्लॉक में। आपने देखा है कि वह डॉक्टर्स कॉलोनी है और उनकी होनेवाली पत्नी किस मेडिकल कॉलेज में पढ़ती है? और अब उस मेडिकल कॉलेज में उनको लेकर छात्रों में किस तरह का भाव है? एक डॉक्टर की शादी एक खिलाड़ी से हो रही है। अगर आप एक दशक पहले के दौर में लौट जाएँ तो कौन माता-पिता इस तरह की शादी के लिए तैयार होते एक खिलाड़ी से अपनी लड़की की शादी के लिए? यह प्रेम-विवाह भी नहीं है। यह अरेंज मैरिज है। आपको पता है कि उन दोनों परिवारों की मुलाकात कैसे हुई? शादी तक बातचीत किस तरह पहुँची?

□ पी.सी. जोशी समिति ने 'एन इंडियन पर्सनैलिटी फॉर इंडियन टेलीविजन' नामक रिपोर्ट तैयार की, जो दूरदर्शन की भूमिका को लेकर थी।

किसकी ओर से प्रस्ताव आया था? आपने यह जानने की कोई कोशिश की? इस पर उस संवाददाता को बड़ा आश्चर्य हुआ कि यह एंकर वायुसेना नगर कैसे पहुँचे गया?

इसी तरह लगभग झारखंड, बिहार, महाराष्ट्र, मध्यप्रदेश, आंध्र प्रदेश और छत्तीसगढ़ के इलाकों को लेकर रिपोर्टर से मैं बातचीत इसलिए कर लेता हूँ, क्योंकि एक पत्रकार के रूप में इन इलाकों को मैं जानता हूँ, मैंने इन्हें देखा है। एक और उदाहरण आपको देता हूँ। आंध्र प्रदेश में नक्सलियों ने चन्द्रबाबू नायडू के ऊपर ब्लास्ट किया था। हमारा रिपोर्टर अगले दिन उसके बारे में बता रहा था। वह उस दिन भी उस स्थल पर नहीं था। मैं उस इलाके से पहले गुज़र चुका था। वहाँ एक तरफ पहाड़ी इलाका है, एक तरफ मैदान है। आक्रमण पहाड़ी तरफ से हुआ था और जब पुलिसवाले भागे थे तो उन्होंने उसे उड़ा दिया था।

मैंने उस इलाके का भौगोलिक वर्णन बताना शुरू कर दिया। रिपोर्टर ने बताया कि पुलिस ने उस इलाके की घेराबन्दी कर ली है। मेरे मुँह से निकल गया कि घेराबन्दी कैसे कर सकती है पुलिस। आप पुलिस से सवाल कीजिए, क्योंकि जिस तरफ पहाड़ी इलाका है उधर पुलिस जा ही नहीं सकती है, उसकी घेराबन्दी पुलिस कर ही नहीं सकती, क्योंकि उसके साथ सीमा भी लगती है और सरकार भी बदल जाती है।

आजकल यह माना जाने लगा है कि एंकर को फील्ड की जानकारी होनी चाहिए। इसीलिए आजकल ऐसे एंकरों की पूछ बढ़ गई है जो रिपोर्टिंग के माध्यम से आते हैं। ऐसे एंकर जो रिपोर्टिंग के माध्यम से आते हैं उनके लिए घटनाओं को समझ पाना, उसका विश्लेषण कर पाना आसान होता है।

इसी से जुड़ा हुआ बड़ा महत्त्वपूर्ण सवाल यह है कि इंटेरैक्शन किस तरह का होता है। यह बहुत महत्त्वपूर्ण है। वजह इसकी यह है कि आप खबरों से जुड़े हुए हैं और आपके कानों में आवाजें लगातार आती रहती हैं। सबकुछ आपके

□ देश में समाचार चैनलों के दर्शक कुल दर्शक संख्या का 13-15 प्रतिशत है।

सामने होता है। 'आजतक' में जहाँ डेस्क काम कर रहा होता है, वहीं एंकरिंग का प्लेटफॉर्म होता है, जबकि कई चैनलों में स्टूडियो अलग से काम कर रहा होता है। 'एनडीटीवी' में वह अलग फ्लोर पर है। आप सीढ़ी से चढ़कर ऊपर जाते हैं। वहाँ आप अकेले होते हैं। अँधेरे में होते हैं क्योंकि वह स्टूडियो है। उसके तार जुड़े होते हैं पीसीआर वैन से, जो सब चीजों को मॉनिस्टर कर रहा होता है। 'एनडीटीवी' में शुरू से ही तीन या चार कैमरे काम कर रहे होते हैं।

कैमरे पर बैठा व्यक्ति आपके सामने होता है। यह बहुत जरूरी होता है कि कैमरापर्सन से इंटेरैक्शन हो। इस इंटेरैक्शन के अभाव में संकट किस तरह से होता है, इसे एक घटना के द्वारा समझिए 'एनडीटीवी' में मैं सुबह का शो करता था। सुबह के शो में चार-पाँच बजे तक आपको वहाँ पहुँचना होता है। अब इस शो में जो कैमरापर्सन होता था उसकी रात की ड्यूटी होती थी और वह सुबह 10 बजे चला जाता था। अब उसके लिए ताजगी रात के 12 बजे रही होगी। लेकिन उसको उसी तरह की ताजगी के साथ सुबह के 9 या 10 बजे तक ड्यूटी करनी होती है।

एक दिन की घटना है कि शो के दौरान लगातार किसी बात को लेकर गर्मागर्म बहस चल रही थी और अचानक मेरी नजर सामने कैमरापर्सन पर गई तो वह सो रहा था। जैसे ही ब्रेक हुआ तो मैंने उसको टोक दिया और कहा कि अगर आपको सोना है तो जाइए यहाँ से, आप हट जाइए। इससे एक संकट यह हुआ कि कैमरापर्सन प्रोडक्शन की टीम का हिस्सा होता है और मैं संपादकीय टीम का। उसने इस बात की शिकायत अपने प्रोडक्शन हेड से कर दी कि मुझे यह एंकर जाने के लिए कह रहा है। उसने यह बात नहीं बताई कि वह सो रहा था, इसलिए उसे मैंने ऐसा कहा था। प्रोडक्शन हेड ने सम्पादकीय प्रमुख को कह दिया। उसे यह बात समझ में नहीं आई कि मैं कैसे कह सकता हूँ कि आप जाइए यहाँ से। इस बात को पीसीआर वाले जानते थे, क्योंकि

❑ टेलीविजन चैनलों पर प्रतिदिन औसत 50 धारावाहिक प्रसारित होते हैं जबकि यह आँकड़ा केवल हिन्दी चैनलों के आधार पर है।

वे बीच में थे और सारी बातचीत उन्होंने सुनी थी। इस तरह बात आई-गई हो गई।

इस घटना को बताने के पीछे कारण यह है कि इस तरह की चीजों का आपके ऊपर कुछ न कुछ प्रभाव भी पड़ता है। उस समय तक मैं खबरों की दुनिया से जुड़ा हुआ था, जाना-पहचाना था। लेकिन अगर कोई दूसरा एंकर होता या मैं भी मान लीजिए किसी और मूड में होता तो उसको सोता हुआ देखकर मैं भी अलसाने लगता। सुबह का शो एक ऐसा शो होता है जिसमें आपको पूरी ताजगी चाहिए। इसके अलावा और कोई उपाय नहीं है आपके पास। लेकिन स्टूडियो के अन्दर के माहौल में खुमारी हो, आलस्य हो, तो उसका कुछ न कुछ प्रभाव तो वहाँ मौजूद एंकर पर भी पड़ेगा। यह टीमवर्क होता है।

एंकर की गलतियाँ, उसकी परेशानियाँ तो टी.वी. के परदे पर दिखाई दे जाती हैं, लेकिन यह नहीं दिखाई देता कि ऐसा टीमवर्क के अभाव के कारण हो रहा है। आमतौर पर अन्तरराष्ट्रीय स्तर पर समाचार चैनल में जो टीमवर्क होता है, उसका हमारे यहाँ के कम से कम समाचार चैनलों में तो पूरी तरह अभाव दिखाई देता है। कैमरापर्सन से एंकर का इंटेरैक्शन एकदम नहीं होता है। बहुत कम एंकर्स होते हैं जो कैमरापर्सन से बातचीत करते हैं। बस इतना भर संवाद होता है कि लाइट ठीक है, पोजीशन ठीक है, कंपोजीशन ठीक बन रहा है या नहीं। और किसी भी तरह का कोई इंटेरैक्शन है ही नहीं। जिम्मेदारी केवल कैमरापर्सन या पीसीआर में बैठनेवाले प्रोड्यूसर्स की ही नहीं होती, वह जिम्मेदारी एंकर की भी होती है। इस इंटेरैक्शन के अभाव में होनेवाली कोई भी गड़बड़ी आपके पूरे शो को बिगाड़ सकती है।

इसका एक अच्छा उदाहरण 'एनडीटीवी' के सुबह के शो में दिखाई देता है। उसमें एक तरह की डलनेस दिखाई देती है। आपको लगेगा कि एंकर आया या आई, उसने खबर पढ़ी, लेकिन आपको लगेगा कि यह सब रुटीन की तरह चल रहा

❑ एक सर्वेक्षण के अनुसार अमेरिका के 90 प्रतिशत से भी अधिक घरों में टेलीविजन सेट हैं और करीब 13 प्रतिशत घरों में एक से ज्यादा टी.वी. सेट हैं।

है। स्टूडियो के भीतर से मूवमेंट्स, चाहे वह कैमरापर्सन हो, या साउंड रेकॉर्डिस्ट हो या पीसीआर में बैठे लोग हों, इनके बीच आपसी सन्तुलन को बनाया जाए। इसका आपसी सन्तुलन भी किसी कार्यक्रम को सफल बनाए रखने के लिए जरूरी होता है, इस सन्तुलन की दिशा में किस तरह से काम किया जा सकता है, किस तरह से काम किया जाना चाहिए—इस तरह की सोच अभी हमारे यहाँ आई नहीं है। इस दिशा में अभी सोचा ही नहीं जा रहा है।

यह टीमवर्क भी बहुत महत्त्वपूर्ण होता है। इसमें ज़रा-सी गफ़लत होती है और सारा खेल बिगड़ जाता है। अब इस इंटेरैक्शन का रूप क्या हो, उसकी दिशा क्या हो—इस दिशा में अभाव का बड़ा कारण यह भी है कि कैमरा करनेवाले व्यक्ति को खबरों से नहीं जोड़ा जाता है। उसके लिए यह आवश्यक भी नहीं होता कि वह समाचारों को जाने या उसमें दिलचस्पी रखे जबकि समाचारों के लिए कैमरे का काम धारावाहिक या फिल्म के लिए कैमरा करने से काफी अलग तरह का होता है। इसी तरह एंकर को कैमरे के बारे में बिल्कुल भी जानकारी नहीं होती है। वह इसे अपने काम का हिस्सा नहीं समझते हैं। इसी तरह पीसीआर में बैठे लोगों को यह लगता है कि उनका काम केवल तकनीकी पहलुओं के बारे में बता देना भर है।

मान लीजिए कि प्रोड्यूसर ऐसा हो जो कैमरापर्सन को यह निर्देश दे कि देखो तुम कैमरा सामने से फोकस करते हो, ज़रा बगल से शॉट लेकर देखो, इसका क्या असर पड़ता है, शॉट का क्या कंपोजीशन बनता है। उसी तरह कैमरामैन ने मान लीजिए यह कहा कि प्रसून जी, आप टेबल पर हाथ मत रखिए, आप दोनों हाथ सामने रखिए और हम आपके हाथों से कैमरे को उठाकर देखते हैं। उसके बाद आपके चेहरे से होते हुए ऊपर जाएँगे। शुरुआत हम ऐसे ही करते हैं। इससे होता यह है कि सभी हरकत में आ जाते हैं। एंकर को भी काम मिल गया, प्रोड्यूसर को भी काम मिल गया। कहने का

❑ **जबकि भारत जैसे देश में जिसकी जनसंख्या सौ करोड़ के आसपास आँकी जाती है, महज 54 करोड़ लोगों की पहुँच टी.वी. तक है।**

मतलब यह है कि इंटेरैक्शन का स्तर यह होना चाहिए, तभी काम में टीमवर्क झलकने लगता है, प्रस्तुतिकरण में भी रचनात्मकता दिखाई देने लगती है।

यहाँ मैं यह कहने की कोशिश नहीं कर रहा हूँ कि कैमरापर्सन भी खबरों को उसी रूप में जाने-समझे जिस रूप में एंकर को उसकी जानकारी या समझ होनी चाहिए। लेकिन इतनी समझ तो उसमें भी होनी ही चाहिए कि वह यह समझ ले कि उसके तकनीकी पहलू खबरों से जुड़ सकें। मसलन सुबह के शो में जब-जब बारिश होती थी तो मैं कैमरामैन से कहता था कि आप बारिश को दिखाइए। प्रोड्यूसर कहता था कि इसका क्या मतलब है। तो मैं कहता था कि मैं बोलूँगा कि सुबह का वक़्त है, बारिश हो रही है। उसके बाद आप कैमरे को ज़ूम आउट कीजिए। जब आप ज़ूम आउट करना शुरू करेंगे, तो मैं फ्रेम में आ जाऊँगा। फ्रेम में लाकर फिर मुझे ज़ूम इन कीजिए। आपने ज़ूम आउट किया। बाहर का दृश्य दिखाया और फिर हमारे ऊपर आ गया ज़ूम इन करके। इतनी-सी हरकत हुई। लेकिन इससे क्या हुआ कि अचानक स्टूडियो के बाहर होनेवाली बारिश की महक उस प्रोग्राम में भी आ गई। इसका लाभ यह भी मिला कि देखनेवालों ने सोचा कि वाकई हम खुले स्टूडियो से प्रोग्राम कर रहे हैं। यानी जीवन्तता स्टूडियो में भी है। लेकिन हकीकत यही है कि प्रोग्राम बन्द कमरे में चल रहा है। बाहर का हाथ क्रोमा पर है। लेकिन एंकर के शब्द और कैमरे के ज़रा से मूवमेंट स्थिति बदल देते हैं। यह बात मैं 'एनडीटीवी' की कर रहा हूँ जहाँ सुबह का शो मैं किया करता था।

यही नहीं अगर रचनात्मकता को मुखरित करने के अवसर मिल जाएँ, टीमवर्क बढ़िया हो जाए, तो उससे कार्यक्रम का रिद्म भी बनता हुआ दिखाई देता है। अब बरसातवाले प्रसंग को ही लें, इससे एक एंकर के रूप में मुझे लीड भी मिल गई कि बरसात हो रही है। अब मैं बरसात को खबरों से भी जोड़ूँगा, कोई सॉफ्ट स्टोरी है, तो बरसात

❑ भारत में टी.वी. प्रसारण की पहुँच 90 प्रतिशत आबादी तक है।

को उससे भी जोड़ेंगे। सिनेमा संगीत या फिल्म को लेकर कोई स्टोरी होगी तो भी बरसात को उससे जोड़ूँगा। इससे कार्यक्रम वाइब्रेंट हो जाता है। उसमें एकसूत्रता आ जाती है। मेरा केवल इतना कहना है इस सारी प्रक्रिया में इस तरह का इंटेरैक्शन, इस प्रकार की संवादात्मकता अगर बन जाती है तो प्रोग्राम में जान आ जाती है, नहीं तो एक तरह की सुस्ती का भाव उसमें दिखाई देने लगता है। प्रोग्राम में एक तरह की डलनेस आ जाती है।

एंकर को किस रूप में विकसित किया जाए—बहस इसको लेकर नहीं हो रही है। तमाम ग्लैमर और सामाजिक मान्यता के बावजूद अभी भारत में वह स्थिति नहीं आई है कि चैनलों में एंकरपर्सन को लेकर लड़ाई होने लगे। एंकरों ने हो सकता है अपने आपको इस रूप में विकसित किया हो, पर चैनलों में अभी यह स्थिति आई नहीं है कि उनमें एंकरों को लेकर लड़ाई हो, होड़ मचे। लेकिन इस माध्यम में एंकर के महत्त्व से इंकार नहीं किया जा सकता है।

जिस तरह से प्रिंट में जब आप समाचार पढ़ते हैं तो यह देखते हैं कि प्रिंट लाइन किसकी है। किसी की खबर आप इसलिए पढ़ते हैं क्योंकि उसके लिखने का अन्दाज़ आपको पसन्द आता है। कोई आपको इसलिए पढ़ने के लिए आकर्षित करता है क्योंकि वह अपनी खबरों में नए-नए पहलुओं को सामने लाता है। कोई खबर आपको इसलिए अच्छी लगती है क्योंकि उसे लिखनेवाले रिपोर्टर पर आप भरोसा करते हैं। आपको लगता है कि अगर फलाँ रिपोर्टर ने खबर लिखी है तो यह जरूर विश्वसनीय होगी।

उसी तरह जिस तरह से अपमार्केट, बाज़ार के पहलू टेलीविजन पर हावी होते जा रहे हैं, ऐसे में एंकर का महत्त्व बढ़ेगा ही। चैनल भले यह न चाहे कि एंकर उस रूप में विकसित हों कि वे चैनल से बड़े दिखाई देने लगें। चैनल के लिए सहज स्थिति यही रहती है कि एंकर आएँ, खबर पढ़ें और चले जाएँ। दूसरी ओर यह भी है कि कोई चैनल एंकर

□ 1990 के दशक में फिल्म को टेलीविजन ने केबल टी.वी. के दौर में अपनी लोकप्रियता का माध्यम बनाया।

को प्रयोग करने से भी नहीं मना करता। इसलिए टीआरपी अपने आपको भिन्न तरीके से विकसित करता है तो वह बिकेगा भी। बिकाऊ होने से मेरा यह मतलब है कि वह एंकर जिस चैनल पर आएगा, लोग उसे देखेंगे ही। वह जो शैली भी विकसित करे वह तो उसकी अपनी ही रहेगी। उसकी गुणवत्ता किसी भी चैनल पर रहे, उसकी शैली तो बनी ही रहेगी।

चैनल की भाषा खबरों के जरिए बनती है। इसलिए महत्त्वपूर्ण यह है कि एंकर जब खबरों को पढ़ रहा होता है, तो वह महज उसका वाचक न दिखे, उसे इस रूप में खबर पढ़नी चाहिए कि वह उसे रिलेट करता हुआ लगे। ऐसा लगे कि वह उससे जुड़ा हुआ है। वह अगर खबरों की गहराई में नहीं जाता है तो लोग भी उससे अपने आपको नहीं जोड़ पाते हैं।

हमारे यहाँ कुछ चैनल इस रूप में विकसित हो रहे हैं कि ठोस राजनीतिक खबरों से, हार्ड न्यूज़ से वे भागने लगते हैं। 'स्टार' एक ऐसा ही चैनल है। 'स्टार न्यूज़' महत्त्वपूर्ण खबरों की बजाय लाफ़्टर शो दिखाने में अधिक दिलचस्पी लेता है, माँ-बेटे के पारिवारिक झगड़ों में उसकी दिलचस्पी अधिक दिखाई देने लगती है। ऐसे में कोई ऐसा एंकर जिसकी 'हार्ड न्यूज़' करनेवाले के रूप में पहले से ही पहचान बनी हुई है उसको तो वहाँ कुलबुलाहट होगी ही। वह खुद को वहाँ असहज महसूस करने लगेगा। अगर कोई एंकर चैनल में आनेवाली खबरों के अनुकूल खुद को विकसित कर लेता है तो वह उसके लिए एस्सेट होता है। लेकिन कभी-कभी एंकर की समझ चैनल को किस हद तक प्रभावित करती है या चैनल को मान्यता दिलाती है यह भी समझना होगा। प्रमोद महाजन को उसका भाई प्रवीण महाजन जिस दिन गोली मारता है संयोग से उस दिन दूसरी कोई बड़ी खबर नहीं थी। तमाम चैनल इसी खबर को दिखाने लगे। मुझे भी तत्काल स्टूडियो पहुँचना पड़ा। लगातार या कहें सारे दिन यही खबर

□ ज़ी सिनेमा 24 घंटे हिन्दी सिनेमा प्रसारित करनेवाला पहला चैनल था। बाद में इस क्षेत्र में भी काफी बड़ी होड़ मची।

चलती रही। जो चैनल हार्ड-न्यूज़ जोड़ने लगे हैं उन्होंने बीच-बीच में दूसरी खबरें भी दिखाईं। जब टीआरपी आई तो 'आजतक' लम्बी छलाँग के साथ आगे निकल गया। चूँकि मैं 'आजतक' पर लगातार एंकरिंग कर रहा था इसलिए खबर के साथ-साथ मुझे भी टीआरपी के साथ जोड़ा गया। फिर जिस दिन 12 दिनों बाद प्रमोद महाजन की मौत हुई तो हमने लगातार प्रमोद महाजन के अन्तिम संस्कार तक उसी से जुड़ी खबरें दिखाईं। टीआरपी का असर पहले सभी चैनल देख ही चुके थे। ऐसे में सभी चैनलों ने यही दिखाया। लेकिन न्यूज़ चैनल देखनेवालों के ज़ेहन में गोली लगनेवाला दिन भी रहा होगा तो लोगों ने मृत्यु के दिन भी 'आजतक' को ही देखने के लिए रिमोट दबाया। टीआरपी फिर 'आजतक' की बढ़ी। मतलब साफ है मौके कई आते हैं जब चैनल की समझ चाहे हार्ड न्यूज़ से भागनेवाली रही हो लेकिन एंकर समझदार, जानकार खबरों की पकड़ रखनेवाला और परिपक्व है तो वह चैनल के सतहीपन को झटके में बदल सकता है। यानी कभी-कभी चैनल में एंकर बड़ा हो जाता है।

इसीलिए जब कोई नया चैनल शुरू होता है या एंकर चैनल शिफ्ट करते हैं तो देखनेवाले लोग यह तलाश करते हैं कि उस चैनल के फेस से कौन-कौन जुड़े हुए हैं। उन चेहरों से ही दर्शक चैनल के साथ अपनी जान-पहचान बनाते हैं। चैनल सेवन इसका बेहतरीन उदाहरण है, जहाँ कोई फेस नहीं था। आज तक उस चैनल की कोई जगह बनती नहीं दिखाई दे रही है। दूसरी ओर एनडीटीवी इसका बेहतरीन उदाहरण है कि जहाँ चेहरे ही चेहरे थे। एक झटके में उस चैनल ने बड़ी ऊँची छलाँग लगा ली।

❑ भारत में 24 घंटे प्रसारित होनेवाला पहला खेल चैनल स्टार स्पोर्ट्स था। ईएसपीएन दूसरा खेल चैनल था जिसका भारत में प्रसारण आरम्भ हुआ।

टेलीविजन रिपोर्टर

टेलीविजन पत्रकारिता ने अचानक पत्रकारिता के पेशे को बड़ा ग्लैमरस बना दिया है। टी.वी. रिपोर्टर उस ग्लैमर का वाहक होता है। क्योंकि एंकर तो स्टूडियो में होता है, टी.वी. का रिपोर्टर समाज में होता है। वह समाज के लोगों के दुख-सुख को रिपोर्ट करनेवाला होता है। भले ही उसमें समाज के प्रति कोई भावना हो या न हो, उसे समाज अपने बड़े हितैषी के रूप में देखता है। प्रिंट के दौर से ही रिपोर्टर को समाज के हितैषी के रूप में देखा जा रहा है। बस, आज उसकी पहचान ज़रा बदल गई है। पहले उसकी पहचान जहाँ अखबार में छपनेवाली रिपोर्ट के जरिए होती थी, अखबार के पत्रकार की पहचान अब भी यही है कि जब वह किसी खबर को खबर करने जाता है तो बताता है कि वह फलाँ अखबार से आया है और उसका नाम फलाँ है। यानी नाम बताने के बाद खबर से जुड़े लोग इस पत्रकार को समझते हैं कि उसकी रिपोर्ट कैसी रही है—इंसानी हकों के अनुकूल या सरकार के भोंपू की। मगर टी.वी. रिपोर्टर की स्थिति एकदम विपरीत होती है। उसको देखते ही अनजान से अनजान व्यक्ति भी पहचान लेता है कि यह शख्स फलाँ न्यूज़ चैनल का रिपोर्टर है। बस तुरन्त कैमरे के सामने हर कोई बोलने के लिए पहुँच जाता है। आप कह सकते हैं कि टी.वी. रिपोर्टर के लिए सबकुछ कितना आसान हो जाता है। उसकी पहचान तो वाकई आसान है, लेकिन किसी घटना की हकीकत जानने में सबसे बड़ी मुश्किल भी यही है। अक्सर गड़बड़ी करनेवाले खामोश हो जाते हैं और फिर रिपोर्टर को कैमरे पर चेहरा दिखानेवालों

□ 2000 के बाद खेल टेलीविजन की आय का एक बड़ा जरिया बना जिसमें क्रिकेट का हिस्सा सबसे बड़ा था।

के बीच ही घिरकर रहना पड़ता है।

भारत में टेलीविजन पत्रकारिता अभी अपने शुरुआती दौर में ही है। यहाँ अभी उस तरह से टी.वी. पत्रकारिता शुरू नहीं हुई है जिसकी इससे अपेक्षा होती है। इसीलिए इसमें अभी भी शब्द का महत्त्व बना हुआ है। राजनीतिक खबरें ज्यादातर नेताओं के बयान पर टिकी होती हैं। अखबार की रिपोर्टिंग से टी.वी. की रिपोर्टिंग में एक बड़ा फर्क यह है कि अखबार में रिपोर्ट लिखने के लिए आपका घटनास्थल पर जाना बहुत जरूरी नहीं होता।

सूत्रों की जानकारी के आसरे कोई कहानी गढ़ी जा सकती है। लेकिन अखबार की किसी खबर को पढ़कर भी अगर टी.वी. रिपोर्टर उस खबर को कवर करना चाहे तो भी उसे सूत्रों के आसरे नहीं बाकायदा जहाँ के बारे में लिखा-कहा गया है वहाँ जाना ही होगा। सीधे कहा जाए तो टेलीविजन की स्टोरी में खबर बनती ही घटनास्थल पर जाने से है।

इसके अतिरिक्त टी.वी. में आप उसी समय घटना की रिपोर्टिंग कर रहे होते हैं और इस तरह से मुलम्मा चढ़ा रहे होते हैं कि खबर अगले कुछ घंटों तक जीवित रहे। अखबार की रिपोर्टिंग में इतनी हड़बड़ी इसलिए नहीं रहती, क्योंकि आप चाहे जितनी भी तत्परता दिखा दें खबर को तो अगले दिन ही छपना होता है। आपके पास चीज़ों को समझने और उनका विश्लेषण करने का पर्याप्त समय होता है। टी.वी. में आपको तुरन्त निर्णय लेना होता है।

केवल तकनीक के कारण ही टी.वी. और प्रिंट की पत्रकारिता अलग नहीं है। खबरों को समझने, उसे लिखने या प्रस्तुत करने के स्तर पर भी यह बहुत अलग होती है। प्रिंट में आपके पास समय का अभाव नहीं होता है जबकि टी.वी. में आपके कैमरे का हर शॉट आपकी रिपोर्टिंग का हिस्सा हो जाता है। मान लीजिए कोई नायाब पल आपके कैमरे से छूट गया तो यह समझिए कि वह छूट ही गया। मान लीजिए कि उमा भारती की रामलीला मैदान की रैली को आप कवर करने

□ क्रिकेट और उससे जुड़े कार्यक्रम धारावाहिकों से भी अधिक देखे जाने लगे हैं।

गए हैं और आपकी नज़र से, आपके कैमरे से यह चूक गया कि किस तरह रैली के दौरान अनजाने में उमा भारती का पल्लू उड़कर मदनलाल खुराना के सिर पर चला गया, तो समझ लीजिए कि आप चूक गए। हो सकता है कि अगले दिन किसी अखबार में किसी फोटोग्राफर द्वारा खींची गई वह तस्वीर आपको दिखाई दे जाए। लेकिन टी.वी. में यह काम रिपोर्टर का ही माना जाता है।

आपको लगातार देखते रहना पड़ता है और अपने साथ मौजूद कैमरामैन को यह बताते रहना पड़ता है कि वह क्या शॉट ले, किसी दृश्य को किस तरह से कवर करे। जब आप घटनास्थल पर होते हैं, तो आपके दिमाग में स्टोरी ऑडियो-विज़ुअल में चलनी चाहिए। आपको अपनी स्टोरी शब्दों में नहीं सोचनी होती है। टी.वी. दृश्य-श्रव्य माध्यम है और इसलिए इसमें यही महत्त्व रखता है कि आपकी स्टोरी में दृश्य क्या हैं और आपके पास बाइट क्या है?

अखबार में एक रिपोर्टर की कल्पनाशीलता, उसकी चिन्तन-प्रक्रिया अपने न्यूज़ डेस्क पर आकर काम करती है। उसके पास इस सबका पर्याप्त समय भी होता है। टी.वी. में रिपोर्टर को कल्पनाशीलता का सोच-विचार कर अलग से कोई अवसर नहीं मिलता, क्योंकि उसके पास जो स्टोरी होती है, जो उसके पास बाइट होते हैं, स्टोरी की सीमारेखा उसी से निर्धारित हो जाती है। दरअसल रिपोर्टर के साथ-साथ न्यूज़ चैनल को भी खबरों को दिखाने की बेहद जल्दी होती है। तेजी ही उसकी जरूरत है। ऐसे में टी.वी. रिपोर्टर किसी खबर को कवर करने गया है तो वह चाहकर भी आराम नहीं कर सकता। मान लीजिए कोई रिपोर्टर भारत-पाकिस्तान के साझा प्रयास से बनी फिल्म के प्रीमियर को कवर करने गया है तो यह सोच दिल से निकाल दीजिए कि वह फिल्म देख भी पाएगा। अगर ओबी न हो तो सबसे पहले उसे सिनेमाहाल पहुँचकर फोन इन देना होगा। फोन इन के जरिए कौन-कौन आए हैं। माहौल कैसा है। रिश्तों में कितनी मिठास आएगी।

□ शत्रुघ्न सिन्हा टी.वी. धारावाहिकों में काम करनेवाले पहले बड़े फिल्मी सितारे थे।

फिल्म को लेकर राय बनानी है, यह सब आगे चल पाएगा। जाहिर है इन सब सवालों के जवाब एंकर पूछेगा ही और रिपोर्टर जवाब देगा ही। फिर फिल्म शुरू होते ही उसे शूट टेप लेकर ऑफिस पहुँचना होगा, जहाँ तत्काल एंकर वॉयस ओवर उसे लिखना होगा। और वॉयस ओवर के लिए 40 से 60 सेकेंड के विज़ुअल कम्प्यूटर पर डलवाने होंगे। (एंकर वीओ का मतलब है एंकर जो कहेगा और फिर वह लाइनें जिस पर विज़ुअल चलेगा। इन पंक्तियों को भी एंकर ही पढ़ता है) उसके बाद किसी महत्त्वपूर्ण व्यक्ति का महत्त्वपूर्ण कथन (बाइट) देना होगा जिससे एंकर वीओ, बाइट चले। फिर इस खबर का पूरा पैकेज तैयार करना होगा जिसमें कई लोगों के बाइट के साथ-साथ पीटीसी (रिपोर्टर का आकलन) भी होगी। उसके बाद फिल्म खत्म होने से पहले दोबारा थियेटर पहुँचकर फिल्म के बारे में दर्शकों, कलाकारों, वीआईपी मेहमानों की प्रतिक्रिया लेनी होगी। यह सब चैनल पर दिखाई देने के बाद ही रिपोर्टर 'साँस' ले सकता है।

भारतीय सिनेमा के महारथी ऋत्विक घटक यह कहते थे कि सिनेमा की कहानी बिम्बों में चलनी चाहिए। उसी तरह से टी.वी. पत्रकारों से यह आशा की जाती है कि वह अपनी स्टोरी को बिम्बों में कहे। जब कथा बिम्बों में कही जाती है तो किसी को भी समझने में बाधा नहीं आती।

❑ अमिताभ बच्चन द्वारा प्रस्तुत किया जानेवाला 'कौन बनेगा करोड़पति' टी.वी. का भारत में सबसे लोकप्रिय कार्यक्रम रहा है।

रिपोर्टर कौन होता है?

रात के दो बजे जब देश गहरी नींद में सो रहा था, कोंकण के सुदूर गाँव में दो ट्रेनों की जबरदस्त टक्कर में जान-माल की भारी क्षति हुई है—जब रिपोर्टर की आवाज़ यह बताती है तो दर्शक रिमोट को भूलकर उसकी आवाज को दिल थामे सुन रहे होते हैं। रिपोर्टर के एक-एक शब्द हर देखनेवाले के ज़ेहन में ऐसे डूबते-उतराते हैं जिससे वह वहाँ की तस्वीर अपनी आँखों में उतार ले...रात एक बजे बिहार के इलाके में राजधानी एक्सप्रेस पटरी से उतरी और पुल से गिरी। खबर फ़्लैश हो गई। लेकिन चन्द मिनटों बाद ही टी.वी. के परदे पर गूँजने लगती है रिपोर्टर की आवाज जो रात के अंधियारे में दुर्घटना का पूरा खाका खींचता है। उन दर्शकों को राहत पहुँचाता है या बेचैनी बढ़ाता है जिनके परिजन दुर्घटनाग्रस्त रेल में सफर कर रहे थे। लेकिन इस दौर में जिज्ञासा कम करते हुए जगाता भी जाता है।

रात साढ़े ग्यारह बजे चन्दन तस्कर वीरप्पन के मारे जाने की खबर फ़्लैश होते ही रिपोर्टर का सिलसिला शुरू होता है जो वीरप्पन और एसटीएफ की मुठभेड़ की तमाम जानकारी के साथ सबसे मुश्किल मिशन की सफलता की कहानी बताता है। यही रिपोर्टर रात में दफ्तर से घर पहुँचकर सोने की तैयारी कर रहा है। लेकिन अचानक उसका मोबाइल घनघनाता है। कोई बताता है कि कैबिनेट बैठी है। बिहार विधानसभा भंग कर राष्ट्रपति शासन लगाने की तैयारी हो रही है। रिपोर्टर सोना छोड़ दोबारा दफ़्तर की ओर निकल पड़ता है। रात के तीसरे पहर तक सरकार के निर्णय की जानकारी अपने सूत्रों

□ 1980 में सीएनएन की स्थापना। 1991 में जब उसके द्वारा खाड़ी युद्ध का लाइव प्रसारण हुआ तो समाचार चैनलों की लोकप्रियता का नया दौर आरम्भ हुआ।

❑ 1987 में भारत में आयोजित क्रिकेट के विश्व कप के प्रसारण ने खेल प्रसारण को लोकप्रिय बनाया।

से लेता है, दर्शकों को देता है। इस तरह के सिलसिले की कोई कमी नहीं जो कहीं भी, कभी भी, किसी भी हालात में रिपोर्टर को घटनास्थल की ओर रवाना करते हैं। चौबीस घंटे के न्यूज़ चैनल के रिपोर्टर की यही तस्वीर है। एंकर अगर स्टूडियो से किसी खबर को लेकर देखनेवालों की जिज्ञासा जगाता है तो रिपोर्टर उसी जिज्ञासा को शान्त करता है। समाचार चैनलों में एंकर का काम अगर टी.वी. स्क्रीन पर खबरों की सूचना देने का होता है तो उसके सूत्र फील्ड में मौजूद रिपोर्टर के हाथ में होते हैं।

आमतौर पर एंकर की छवि अगर न्यूज़ स्टूडियो में रहनेवाले व्यक्ति की होती है तो रिपोर्टर वह व्यक्ति होता है जिससे दर्शकों को यह आशा रहती है कि वह अपनी स्टोरी में घटनास्थल से घटना के बारे में बताएगा। वह खबरों के सूत्र बताएगा, उसके दृश्य दिखाएगा और इस तरह से उन खबरों का विश्लेषण करेगा कि देखनेवालों की जिज्ञासा शान्त हो जाए।

वैसे तो प्रिंट में भी रिपोर्टर या संवाददाता की यही भूमिका समझी जाती है कि वह बाहर से खबर लाए। लेकिन उसकी खबर चाहे कितनी ही महत्त्वपूर्ण क्यों न हो, कितनी ही संवेदनशील क्यों न हो, अखबार में अगले दिन ही छपती है। उसके पास लिखने का पर्याप्त समय होता है, सूत्रों को साधने के लिए पर्याप्त वक़्त होता है। घटना को कई पहलुओं से वह समझ सकता है, हर पहलू से उसे जाँच-परख सकता है। लेकिन टी.वी. पत्रकारिता अभी बिल्कुल अभी का माध्यम है। टी.वी. के रिपोर्टर के पास अगर कोई महत्त्वपूर्ण खबर है, तो उसकी कोशिश यही होती है कि उसे जल्दी-से-जल्दी दिखा दे। उसने देरी की नहीं कि किसी और चैनल का रिपोर्टर उसे ब्रेकिंग न्यूज़ की तरह दिखा सकता है।

सामान्य तौर पर टी.वी. पत्रकारिता के आरम्भिक दौर में प्रिंट से बड़ी संख्या में रिपोर्टर आए हैं। लेकिन इस बुनियादी चीज़ को समझने में उनको थोड़ी मुश्किल आती ही रही है

कि टी.वी. में खबर डेस्क पर नहीं लिखी जाती है, उसे छोटे परदे पर साकार करना होता है। टी.वी. को बकबक माध्यम इसीलिए कहा जाता है क्योंकि इसमें भले ही दिन भर में असंख्य शब्द बोले जाते हों लेकिन महत्त्व इसमें दृश्यों का ही होता है। दृश्यों के बिना शब्द भी बेजान लगने लगते हैं।

टी.वी. का रिपोर्टर वह शख्स होता है जो हर घटना को पहले-पहल दिखाता है। उसकी इसी भूमिका के कारण वह किसी भी टी.वी. चैनल की पत्रकारिता की रीढ़ समझा जाता है। वैसे तो रिपोर्टिंग में विशेषज्ञता को ध्यान में रखा जाता है और रिपोर्टर से एंकर की तरह हरफनमौला होने की उम्मीद नहीं की जाती है, लेकिन फिर भी रिपोर्टर से यह आशा की जाती है कि वह अपनी बीट के अलावा अन्य खबरों पर भी नजर रखे। आवश्यकता पड़ने पर किसी भी खबर को कर पाने में सक्षम हो। क्योंकि हर चैनल के पास सभी विषयों के हिसाब से रिपोर्टर नहीं होते हैं, बल्कि खबर आने पर अपने यहाँ मौजूद रिपोर्टरों की टीम में से ही किसी का चुनाव उसके लिए किया जाता है।

टी.वी. के रिपोर्टर और अखबार के रिपोर्टर में एक बड़ा अन्तर और होता है। अखबार का रिपोर्टर भले ही किसी खबर के सिरे अनेक स्रोतों से जोड़ता हो, अनेक एंगल से ठोक-बजाकर उसे लिखता हो, मगर उसकी खबर नितान्त उसकी होती है, जिसे वह अपने कम्प्यूटर स्क्रीन पर बैठकर लिखता है। लेकिन टी.वी. का रिपोर्टर चाहे तो भी केवल अपने बूते कोई स्टोरी तैयार नहीं कर सकता। यह नहीं भूलना चाहिए कि टी.वी. एक तकनीकी माध्यम है और इस पर दिखाई जानेवाली वही स्टोरी अच्छी समझी जाती है, जिसमें उपयुक्त विज़ुअल हों और माकूल साउंड बाइट्स। इसलिए टी.वी. के रिपोर्टर को अपनी खबर के लिए कैमरामैन से भी अच्छा तालमेल बनाए रखना होता है।

तालमेल शब्द यह इंगित करता है कि टी.वी. का रिपोर्टर जब घटनास्थल पर होता है तो अपनी भूमिका उसे टीमलीडर

□ एटीएन संगीत को आधार बनाकर आरम्भ होनेवाला पहला केबल चैनल था। यह हिन्दी फिल्मी संगीत की लोकप्रियता को आधार बनाकर था।

❑ 1994 में बीआईटीवी का प्रसारण आरम्भ हुआ और एक तरह से विश्लेषण और करेंट अफेयर्स के जरिए डी.डी. के विकास का मार्ग इसने ही प्रशस्त किया। वैसे उस दौर में यह प्रयोग सफल नहीं रहा।

की तरह निभानी होती है। इसका कारण यह है कि किसी खबर के कौन-कौन से पहलू दिखाने के लिहाज से महत्त्वपूर्ण हो सकते हैं, कैमरामैन को किस तरह से शॉट्स लेने चाहिए, रिपोर्टर को ही यह सब भी बताना चाहिए। क्योंकि इस तरह के तालमेल के अभाव में यह हो सकता है कि रिपोर्टर जिस तरह से किसी खबर के बारे में सोच रहा हो, कैमरे ने उस तरह के दृश्य अपने कैमरे में कैद ही नहीं किए हों, तो ऐसे में उसे अपनी स्टोरी की पूरी संरचना बदलनी पड़ सकती है। इस तरह टीमलीडर की तरह रिपोर्टर को इसलिए काम करने की जरूरत होती है क्योंकि बहुत ही सीमित समय में रिपोर्टर को स्टोरी करनी होती है। इसके अलावा जो कैमरागैन उसके साथ होता है, वह तकनीकी मामलों का तो दक्ष खिलाड़ी होता है लेकिन खबरों को स्क्रीन पर कैसे दिखाना है, इन बारीकियों का भी वह जानकार हो, ऐसी न तो उससे अपेक्षा की जाती है, न ही यह उसके काम का हिस्सा होता है। टीम की समझ क्या मायने रखती है इसका उदाहरण मैं गुजरात में (2005) आई बाढ़ की रिपोर्ट के जरिए देता हूँ। मैं खुद दिल्ली से अहमदाबाद होते हुए सड़क के रास्ते सूरत जा रहा था। सूरत में आरएसएम के प्रान्त प्रचारकों की बैठक थी। मेरे साथ ओबी वैन भी था। कुछ इलाकों से बाढ़ की खबर थी तो एक सहयोगी रिपोर्टर दिल्ली से वहाँ जा रहे थे। वहीं गुजरात का एक रिपोर्टर भी बाढ़ प्रभावित इलाके की खबर करने निकला हुआ था। मगर अचानक पानी इतनी तेजी से चढ़ा कि हम अहमदाबाद-बड़ोदरा के बीच कहीं पर फँस गए। संयोग से 20 से 40 किलोमीटर के रेंज में बाकी दो रिपोर्टर भी फँसे हुए थे जो बाढ़ कवर करने ही निकले थे। सबसे पहले मैंने दोनों रिपोर्टरों को बुलाया...जो काफी मुश्किल से सम्भव हुआ। शाम होते-होते जिस जगह पर हम फँसे महज पाँच किलोमीटर का ही स्ट्रेच था। हाइवे पर पानी बन्द था। चूँकि हमारे पास ओबी वैन भी था तो हमने स्टोरी करने का सिलसिला शुरू किया। जो भी आयाम हो सकते थे उसे

पकड़ा। बच्चों-महिलाओं से लेकर पानी में ही खड़ी गाड़ियों में सवार करीब 10 हजार लोगों की भीड़ वहाँ थी। उन्हें जो भी मुश्किल हो रही थी उसकी रिपोर्ट हमने की। मैंने दोनों सहयोगी रिपोर्टरों को अलग-अलग स्टोरी सौंपी। कैमरापर्सन को भी समझाया कि हर स्टोरी में कैसे अलग-अलग विज़ुअल पकड़े। सरकार का कामकाज कितना ढीला है इस पर उँगली उठाई। चूँकि हम उस नेशनल हाइवे पर थे जो मुम्बई से गुजरात होते हुए राजस्थान को जोड़ता है...ऐसे में मोबाइल के जरिए अहमदाबाद में मौजूद अपने रिपोर्टर से उन आँकड़ों को भी लिया। हाइवे के समानान्तर जो सुपर हाइवे बना था और बाढ़ में बह गया था, उस पर कितना खर्चा हुआ। महज एक माह के भीतर ही वह क्यों टूट गया। कुल मिलाकर आलम यह हुआ कि 48 घंटे फँसे होने के बाद सरकार को हेलीकाप्टर भेजना पड़ा जिसने कइयों को वहाँ से निकाला। जिनकी तबियत बिगड़ी थी उनके लिए फूड पैकेट गिराए। फिर रास्ता साफ किया। लेकिन इस दौर में मैं लगातार यह देखता रहा कि कैमरा की नज़र से कोई विज़ुअल गुम न हो जाए।

इससे सवाल यह उभरकर आता है कि रिपोर्टर को भी क्या तकनीकी रूप से सक्षम होना चाहिए? यहाँ यह जवाब तो तत्काल दिया जा सकता है कि सक्षम तो होना ही चाहिए। सवाल उठता है कितना? इसका जवाब कोई नापतौलकर नहीं दिया जा सकता है। रिपोर्टर को तकनीक का जानकार इसलिए भी होना चाहिए ताकि तकनीक उसके ऊपर हावी न हो जाए। मान लीजिए कि अगर आप कैमरे की तकनीक से वाकिफ नहीं हैं तो हो सकता है कैमरामैन आपके निर्देशों को ही सही परिप्रेक्ष्य में नहीं समझ पाए। इसलिए आपको जूम इन, जूम आउट, डिज़ॉल्व, टूशॉट आदि-आदि कैमरे से जुड़ी शब्दावली को न केवल समझ लेना होता है, बल्कि उसके अर्थ और उसके प्रभावों को भी समझ रखना चाहिए तभी आपके निर्देशों के मुताबिक कैमरामैन सही विज़ुअलस लेकर आपकी

□ 1991 में अगर देश में महज दो चैनल थे तो 1996 आते-आते चैनलों का यह आँकड़ा 50 को पार कर गया। देश में 1996 तक 60,000 केबल ऑपरेटर टी.वी. चैनल घर-घर पहुँचाने में लगे थे।

❑ केबल टी.वी. के दौर में जब पोर्टेबल रंगीन टी.वी. आया तो देश में रंगीन टी.वी. देखनेवालों की संख्या में पर्याप्त इजाफा हुआ।

स्टोरी को सार्थक बना पाएगा। तकनीक का महत्त्व कितना है यह ऊपर गुजरात के बाढ़ग्रस्त इलाके में फँसे होने के उदाहरण से जोड़कर समझा जा सकता है। वहाँ आपको उतना ही शूट करना है जितना दिखाना है। फिर जगह सीमित है लेकिन विज़ुअल में वेरायटी चाहिए। एक ही जगह बैठे-बैठे आप अपने दिमाग में कई स्तरों पर सोच सकते हैं। कई एंगल निकाल सकते हैं। लेकिन टी.वी. में जब तक आप कैमरे के जरिए एक ही जगह को कई तरह से दिखाने में सक्षम नहीं हैं तब तक आप सही रिपोर्टर नहीं बन सकते। यह तभी सम्भव है जब रिपोर्टर टी.वी. के समूचे उपकरण को समझ ले। खासकर कैमरे को।

ऊपर तकनीक के हावी हो जाने की बात आई। इसका मतलब यह है कि अगर आप अपने साथ घटनास्थल पर उपस्थित कैमरामैन को दृश्यों के सम्बन्ध में सही तरीके से निर्देशित नहीं कर पाते हैं तो फिर यह आपकी मजबूरी बन जाती है कि कैमरापर्सन ने जो भी दृश्य लिए हों आप उनको जोड़कर स्टोरी खड़ी करें। इससे तकनीक हावी होती है। यह नहीं भूलना चाहिए कि चाहे यह माध्यम कितना ही तकनीक प्रधान क्यों न हो, है तो यह पत्रकारिता का ही माध्यम। इसलिए जैसे ही रिपोर्टर कमजोर पड़ता है तकनीकी लोग हावी हो जाते हैं।

टी.वी. के रिपोर्टर की अगर किसी एक मिथकीय पात्र से तुलना की जा सकती है तो वह महाभारत का पात्र संजय है। आप सब जानते हैं कि संजय ने 18 दिनों तक चली महाभारत की लड़ाई का, कौरवों-पांडवों के बीच हुए महासंग्राम का अपनी अलौकिक आँखों से देखते हुए राजा धृतराष्ट्र को ऐसा हाल सुनाया कि वह युद्ध अपनी आँखों के सामने होता हुआ महसूस करने लगा था। बस फ़र्क इतना आ गया है कि आज के इन संजयों के पास अलौकिक आँखें नहीं हैं बल्कि वास्तविकता को जस का तस दिखानेवाला कैमरा है जो झूठ नहीं बोलता। दर्शक की स्थिति धृतराष्ट्र से कहीं ज्यादा खराब

है। धृतराष्ट्र को तो मालूम था यह युद्ध किन-किन के बीच हो रहा है। कौन लोग किस तरफ हैं। लेकिन दर्शकों को आज के समाज की स्थिति को समझाने के लिए रिपोर्टर को हर स्टोरी दिखाते वक़्त एक लकीर खिंचनी ही पड़ती है। हमने पहले यहाँ कहा कि कैमरा झूठ नहीं बोलता। मगर स्थिति कुछ विपरीत भी है। यानी कैमरा सच भी नहीं दिखाता। रिपोर्टर की सामाजिक समझ यहीं काम आती है। उसके पत्रकारीय गुण यहीं पता चलते हैं।

टी.वी. के लिए वही पत्रकार रिपोर्टर के रूप में बेहतर उपयुक्त हो सकता है जो अपनी कहानी यानी स्टोरी को दृश्यों की माला के सहारे कह सके। प्रिंट में अच्छी भाषा, शब्दावली, मुहावरेबाजी—इन सबका बड़ा महत्त्व होता है और एक रिपोर्टर खबर लिखते हुए इन सबका बेहतर से बेहतर उपयोग भी करने की कोशिश करता है। लेकिन टी.वी. के रिपोर्टर के समझने की जो बुनियादी बात होती है, वह यही है कि उसकी स्टोरी चाहे किसी भी विषय को लेकर हो, रिपोर्टर को बिम्बों में उस देख पाने और कह पाने का शऊर आना चाहिए। ऐसा नहीं है कि टी.वी. में शब्दों का महत्त्व नहीं होता है लेकिन वे शब्द जब सही दृश्यों के संदर्भ में रखे जाते हैं तो फिट होकर हिट हो जाते हैं।

टीवी के रिपोर्टर को हड़बड़ी के व्याकरण का उस्ताद होना चाहिए। कहने का तात्पर्य यह है कि टी.वी. में समय सीमित होता है और आपको उसी सीमित समय में बेहतरीन प्रस्तुति करनी पड़ती है। आपको दोबारा समय नहीं मिलता। इसलिए रिपोर्टर का काम टी.वी. में बहुत रचनात्मक होता है और हर समय उसे पूरी तरह चुस्त-चौकस रहकर उस रचनात्मकता को मुखरित करने के प्रयास करने होते हैं। आखिर किसी न्यूज़ चैनल की सफलता-असफलता में रिपोर्टर की बहुत बड़ी भूमिका समझी जाती है।

❑ वैसे उत्तर भारत के ग्रामीण इलाकों में पोर्टेबल ब्लैक एंड व्हाइट टी.वी. ही सबसे सुलभ रहा है। इसका कारण यह है कि यह टी.वी. 12 वोल्ट की बैटरी पर भी चलाया जा सकता है।

रिपोर्टर और ग्लैमर

रिपोर्टर टेलीविजन चैनलों के नायक बनकर उभरे हैं। इसका बड़ा अच्छा उदाहरण हिन्दी सिनेमा में देखा जा सकता है। पहले सिनेमा में परदे पर प्रेस रिपोर्टर नज़र आता था। वह नायक अक्सर उसी तरह की फिल्मों में होता था जिसमें कोई सामाजिक संघर्ष होता था, न्याय-अन्याय की लड़ाई होती थी या किसी बड़े रहस्य से परदा उठाना होता था। आमतौर पर क़लम से इन्कलाब लानेवाले प्रेस रिपोर्टर खद्दर और जीन्स में नजर आते थे।

आज उनकी जगह टेलीविजन रिपोर्टर ने ले ली है। 'फिर भी दिल है हिन्दुस्तानी' में दो चैनलों की होड़ को दिखाया गया और परदे पर यह होड़ दो संवाददाताओं शाहरुख खान और जूही चावला की होड़ के रूप में दिखाया गया थ। उसी तरह फिल्म 'नायक' में रिपोर्टर अनिल कपूर एक दिन मुख्यमन्त्री से एक ऐसा सवाल पूछ देता है कि जवाब में उसे एक दिन के लिए मुख्यमन्त्री बनने का मौका मिल जाता है। फरहान अख्तर की फिल्म 'लक्ष्य' में प्रीटी जिन्टा ने रिपोर्टर की भूमिका को साकार किया। ये सारी फिल्में बड़े बजट की, बड़े स्टारकास्ट वाली रही हैं। यह समाज में रिपोर्टर की नई पहचान का सूचक है।

आज टी.वी. पत्रकार होना ग्लैमर का निशानी है। इसमें एक रिपोर्टर को किस तरह अपनी भूमिका देखनी चाहिए? यह कहा जा सकता है कि एक अच्छा रिपोर्टर वही होता है जो इस बात को समझ लेता है कि वह मूलतः एक पत्रकार है, ग्लैमर का हिस्सा नहीं है। ऐसा कहने के पीछे अभी भी

❑ आस्था चैनल ने धर्म को आधार बनाकर जब प्रसारण आरम्भ किया तो वह पहला धार्मिक चैनल बना। आज हिन्दी, अंग्रेजी, उर्दू के करीब दर्जन भर ऐसे चैनल हैं जो धार्मिक कार्यक्रम प्रसारित करते हैं।

बड़ा कारण यही है कि आज भी देश की बड़ी आबादी के लिए कैमरे का मतलब सिनेमा होता है। जब भी रिपोर्टर कैमरे के साथ कहीं जाता है तो लोग उसके आसपास अपना चेहरा दिखाने के लिए जुटने लगते हैं। रिपोर्टर को यह समझना होगा कि वह जिस माध्यम में है दरअसल ग्लैमर उस माध्यम का है। रिपोर्टर का ग्लैमर तभी होता है जब वह इस माध्यम में भी अपनी बात कहे और माध्यम को हावी भी न होने दे। मैं खुद जब 'एनडीटीवी इंडिया' में था तब इंटरव्यू आधारित कार्यक्रम 'कशमकश' करता था। मैंने उसी कार्यक्रम में तत्कालीन महाराष्ट्र के उपमुख्यमन्त्री छगन भुजगल का इंटरव्यू किया। इंटरव्यू इतना एग्रेसिव था कि आखिरी सवाल मैंने यह पूछा कि, "आपको क्यों न आतंकवादी कानून 'टाडा' के तहत जेल में बन्द कर दिया जाए।" छगन भुजबल चन्द क्षणों के लिए सकते में आ गए। हकीकत यही है कि इंटरव्यू के दौरान ऐसे-ऐसे सवाल पूछे गए थे जो छगन भुजबल से कोई पूछता नहीं, लेकिन चर्चा सभी करते थे। बाद में किसी ने मुझे कहा कि भुजबल का इंटरव्यू बिल्कुल फिल्म 'नायक' जैसा था। यह समझना होगा कि भारतीय मानस पर सिनेमा का कितना प्रभाव है। न्यूज़ चैनल की तो उसके सामने कोई उम्र ही नहीं। ऐसे में कैमरे का मतलब हो जाता है सिनेमा—ग्लैमर। चुनाव के दौरान मैंने कई राज्यों का दौरा किया। 'वोट मात्रा' और 'चुनाव आला रे' सरीखे कार्यक्रम किए। ग्रामीण इलाकों में खूब घूमा। हर जगह के समाज, संस्कृति, राजनीति को लेकर हर चीज़ में काफी अन्तर नजर आया। लेकिन कैमरा देखकर सभी जगह बच्चे जवान-बूढ़े-महिला सबकी प्रतिक्रिया एक-सी मिली। कैमरा मतलब सिनेमा—ग्लैमर। जाहिर है यह सोच अगर दिमाग में है तो कोई भी कैमरे के सामने सामान्य हाव-भाव में कुछ कह ही नहीं सकता। टी.वी. रिपोर्टर की परीक्षा यहाँ पर कहीं ज्यादा होती है कि आखिर वह कैसे कैमरे को घेरकर खड़े लोगों के दिल से कैमरे का ग्लैमर निकाले और जिस खबर को कवर करने गया है उसकी

❑ टेलीविजन ने विज्ञापन जगत को भले ही देर से आकर्षित किया हो, लेकिन भारत में टी.वी. से विज्ञापन का ऐसा रिश्ता बन चुका है। कुल प्रसारण के समय करीब एक चौथाई में विज्ञापन प्रसारित किए जाते हैं।

हकीकत बयानी उभारे। जाहिर है रिपोर्टर को रिपोर्टर ही रहना होगा, यह तभी सम्भव है।

यह एक सच्चाई है कि कैमरे को लोग ग्लैमर से जोड़कर देखते हैं। इसी कारण कैमरा जहाँ भी जाता है घटना से ज्यादा असर उस कैमरे का हो जाता है। टेलीविजन को लोग अभी उस गम्भीरता से नहीं लेते। आज भी समाज उसे मनोरंजन से ही जोड़कर देखता है। टेलीविजन का वह स्पेस इस समाज में अभी बना नहीं है। कहीं कोई ट्रेन दुर्घटनाग्रस्त हो जाए वहाँ भी अगर कैमरे के साथ रिपोर्टर पहुँच जाए, तो वही उस सारे माहौल पर हावी हो जाता है।

इसलिए यह जिम्मेदारी रिपोर्टर की बनती है कि वह इस ग्लैमर से हटकर किसी घटना को पेश करे। यह महत्त्वपूर्ण है कि वह घटना को किस रूप में देखता है? किसी भी घटना के पीछे क्या स्थितियाँ रही हैं? घटना किस रूप में वहाँ पहुँची? इसका क्या असर हो सकता है? इसकी समझ रिपोर्टर में होना बहुत जरूरी है।

हालाँकि इस ग्लैमर को दूसरे तरीके से भी देखा जा सकता है। ग्लैमर ने एक रिपोर्टर के काम को आसान भी कर दिया है। यह तो आपके ऊपर है कि ग्लैमर को आप किस रूप में लेते हैं? यह भी सच्चाई है कि कुछ लोग ऑटोग्राफ भी देने लगते हैं। वे भूल जाते हैं कि इसी समाज से जुड़ा हुआ उनका काम है। वे कोई सितारे नहीं हैं। लेकिन इस ग्लैमर का फायदा यह हुआ है कि रिपोर्टर जब भी किसी जगह कोई खबर कवर करने जाते हैं, हो सकता है उस जगह से हम अनजान हों। लेकिन मीडिया के कारण जो रिपोर्टर की पहचान बनी हुई है उसके कारण लोग सामने आने लगते हैं। आपने इस माध्यम में जिस तरह की भी पहचान बनाई है, उसी तरह के लोग निकल-निकलकर आपके सामने आने लगते हैं और आपको बताने लगते हैं कि यह खबर कीजिए, इस पहलू पर जरूर ग़ौर कीजिए।

अखबार के रिपोर्टर को खबर लानी पड़ती है, खबरों की

> ❑ टी.वी. मनोरंजन का कितना बड़ा माध्यम बन चुका है इसका अंदाजा इससे लगाया जा सकता है कि आज देश के समाचार चैनलों पर भी करीब 50 फीसदी तक कार्यक्रम मनोरंजन आधारित होने लगे हैं।

तलाश में भटकना पड़ता है। टी.वी. के पत्रकार के पास खबरें अपने आप आने लगती हैं। लोग उससे जुड़ना चाहते हैं। इसका लाभ उसे मिलता है। इस सम्बन्ध में आपको एक उदाहरण मैं अपना बताना चाहूँगा। सूरत में आरएसएस प्रान्त प्रचारकों की बैठक थी और मैं उसे कवर करने गया था। मेरे दिमाग में यह बात कभी नहीं आई कि उस इलाके में क्या-क्या हुआ होगा? मैं तो उस घटना को कवर करने गया था। लेकिन वहाँ एक आदमी मेरे पास आया और उसने कहा कि आप आरएसएस के प्रचारकों की बैठक को कवर कर रहे हैं। क्या आपको पता है कि दक्षिण गुजरात के इस इलाके में जबरदस्त बाढ़ आई हुई है। इसी सूरत में जब दस साल पहले प्लेग आया था तो यही आरएसएस के प्रचारक हाफ पैंट पहने लोगों की मदद करते घूम रहे थे। आज आरएसएस कितना बदल गया है? सूरत बाढ़ में डूबा है और संघ प्रचारक बैठक कर रहे हैं। यहाँ यह समझना होगा कि वह शख्स मुझे टी.वी. चैनल के जरिए पहचानता था। मैं किन खबरों को किस तरह कवर करता हूँ, वह उस शैली का कायल था। वजह भी यही रही कि जब वह मेरे पास आया तो उसने मुझे रोका कि आप तो ग्लैमर में नहीं घुसते। तो वे लोग जो प्रान्त प्रचारकों की बैठक स्थल के बाहर खड़े हैं, जाइए उन लोगों से मिलिए वही बताएँगे ऐसी बैठकों का महत्त्व है या नहीं।

मैंने तय किया कि इस पर स्टोरी करूँगा। हम उन इलाकों में गए जहाँ बाढ़ आई थी। मैंने लोगों से पूछा कि आपको आरएसएस के प्रचारकों की याद आती है, कार्यकर्ताओं की याद आती है। वे बताने लगे कि किस तरह प्लेग के दौरान जब सारा सूरत भाग रहा था तो आरएसएस वाले खड़े थे। वे नदी-किनारे शवों को जला रहे थे। आज देखिए, हम डूब रहे हैं और कोई देखने भी नहीं आ रहा। आरएसएस के नज़रिए में यह बदलाव आया है। अब वे सत्ताभोगी, सुखभोगी हो गए हैं।

इस स्टोरी से हंगामा मच गया। यह स्टोरी आइडिया कहाँ

□ दूरदर्शन ने अस्सी के दशक में 'पत्रिका' जैसे कार्यक्रमों के जरिये कवि सम्मेलन आदि दिखाने की शुरुआत की।

❑ 'कक्काजी कहिन' दूरदर्शन पर प्रसारित होनेवाला पहला राजनीतिक व्यंग्य था और उसके प्रसारण में काफी अड़चनें आईं और बाद में उसका प्रसारण भी रोक दिया गया।

से आया? जाहिर है, उन लोगों से यह आइडिया हमें मिला, जो ग्लैमर के कारण आपसे जुड़ना चाहते हैं, सम्बन्ध बनाना चाहते हैं। इस तरह का लाभ हमें हर जगह मिलता है। आप जिस रूप में टी.वी. पर खुद को पेश करते हैं, जिस तरह के लोगों के साथ आप खुद को आइडेंटिफ़ाई करते हैं, यह मानकर चलिए कि उस तबके के लोग आपके पास खबरों के लिए आएँगे। अगर आपने अपनी छवि इस रूप में टी.वी. के परदे पर बनाई है कि आप आम आदमी से जुड़ी चीज़ों को परदे पर लेकर आते हैं तो उस तबके की खबरें स्वयं आपके पास आएँगी। अगर आप ग्लैमर में जीना चाहते हैं तो आपके पास लोग नहीं आएँगे। वे आपको ग्लैमर से ही जोड़कर देखना चाहेंगे। इस सच्चाई से भी इंकार नहीं किया जा सकता है। इसलिए मुझे लगता है कि इसमें दोनों तरह की स्थितियाँ होती हैं। यह आपके ऊपर होता है कि एक रिपोर्टर के रूप में आप अपना कौन-सा चेहरा सामने लेकर आते हैं।

रिपोर्टर की समझ

यह आपकी ट्रेनिंग से जुड़ा एक पहलू होता है। अखबार में तो एक रिपोर्टर के रूप में आप जो भी खबर लिखते हैं, डेस्क पर बैठा पत्रकार उसे एक बेहतरीन कॉपी में बदल देता है। ठीक सिनेमा की तरह कि परदे पर डायलॉग तो अमिताभ बच्चन बोलता है—उसे लिखनेवाला सलीम जावेद होता है। टेलीविजन में यह सम्भव नहीं है। वहाँ आपको कैमरे के सामने खुद आकर बोलना पड़ता है। आप किस तरह चीज़ों को सामने रखते हैं? किस तरह आप घटना को विजुअल और शब्दों के माध्यम से प्रस्तुत करते हैं, वही एक रिपोर्टर के रूप में आपकी सीमाओं और सम्भावनाओं को खोलकर रख देता है।

खबर को किस रूप में रखें—इस बात की समझ भी बहुत आवश्यक होती है। कुछ सीनियर लोग तो इसको समझते हैं, लेकिन अधिकतर लोग नहीं समझते हैं। इसकी ट्रेनिंग नहीं है जबकि होनी चाहिए। रिपोर्टर के बोलने से स्थिति बनती और बिगड़ती है। स्थिति को बिगड़ते हुए मैंने देखा है। लखनऊ में एक घटना घटी। वहाँ किसी मुहल्ले में एक शराब की दुकान की आड़ में एक लड़की को पत्थर से कुचलकर मार डाला गया था। एक चैनल पर मैंने देखा कि इस घटना को बताते हुए रिपोर्टर लड़की के बारे में ही बताते हुए उसकी ऐसी-तैसी कर रहा था। वह कैमरे के सामने कह रहा था कि यह शराब की दुकान यहाँ आज से नहीं बहुत पहले से है। यहाँ अश्लील हरकतें आज से नहीं बहुत पहले से हो रही हैं। क्या ज़रूरत थी लड़की को घर से निकलने की? यहीं ट्रेनिंग

❑ शब्द प्रधान माध्यम से होने के कारण लेखक मनोहर श्याम जोशी इसे 'बकबक' कहा करते थे। उसी तरह अमेरिका में इसी माध्यम को 'इडियट बॉक्स' भी कहा जाता है।

❑ दूरदर्शन ने अपने शिक्षात्मक प्रयोग 'साइट' के दौर में ही ग्रामीण इलाकों में लोगों को दूरदर्शन से जोड़ने के लिए रविवार की शाम छह बजे फीचर फिल्म का प्रसारण शुरू किया था।

की जरूरत महसूस होती है।

जब बीस मिनट के कार्यक्रम के रूप में 'आजतक' की शुरुआत हुई थी तो समय-सीमा के कारण एक अनुशासन वहाँ के रिपोर्टरों में अपने आप आ जाता था। उसमें एंकरिंग, हेडलाइन, विज्ञापन के समय को निकाल दें तो 12-13 मिनट का समय होता था जिसमें अलग-अलग रिपोर्टरों की खबरें आती थीं।

इससे एक समय-सीमा अपने आप तय हो जाती थी। इससे एक रवानगी भी रहती थी और एक के बाद एक खबरें आती रहती थीं। इससे एक तो यह तय हो जाता था कि सारी खबरें 60 से लेकर 90 सेकेंड की ही होंगी। किसी खबर को अगर अधिक अहमियत देना है तो उसे 120 सैकेंड कर दिया जाता था। लेकिन ऐसा कम ही होता था।

उस समय की इस सीमा के कारण नियम बहुत साफ बना दिए गए थे। उदाहरण के लिए रिपोर्टर स्टोरी के अन्त में जब अपनी पीटीसी यानी पीस टु कैमरा बोलता है जिसके माध्यम से वह अपनी बात खत्म करता है या स्टोरी को आगे ले जाता है। ऐसे वक़्त के लिये उसे निर्देश यह था कि 15 सैकेंड में वह अपना शाट दे दे। खबरों के बीच में जो बाइट दिखाई जाती है—उसके भी नियम तय होते थे कि आपको 10-15 सैकेंड में अपनी बात कहलवा लेनी है या उसकी बात को इसी रूप में रखा जाए कि इतनी ही देर में सारी बात स्पष्ट हो जाए। हर चीज़ के नियम तय होते थे और रिपोर्टर की रिपोर्ट में भी इसका अनुशासन और तारतम्यता दिखाई देती थी।

उसी तरह रिपोर्टर के पास जरूरी नहीं है कि सारे विजुअल हों ही। इसलिए उसे शब्दों के माध्यम से भी विजुअलाइज करना आना चाहिए। अब इसको एक उदाहरण के माध्यम से रखने की कोशिश करता हूँ। जिस समय कश्मीर में हिज़बुल मुजाहिदीन ने युद्ध विराम किया था तब 'आजतक' चैनल आया नहीं था। चैनल आने की घोषणा हो

चुकी थी और आधे घंटे का 'आजतक' अपने अन्तिम दौर में था। उस दौर में मुझे कश्मीर भेजा गया। उस समय वहाँ से फोन पर सूचना देनी होती थी क्योंकि सुरक्षा कारणों से तब कश्मीर से फ़ीड भेजने की स्थिति नहीं थी। फ़ीडबैक की एक ही स्थिति थी कि शूट किए गए टेप को हवाई जहाज से भेजा जाए। तकनीक की इस सीमा को मैंने शब्द-चित्र बनाकर उस परिस्थिति को समझाने की कोशिश की।

मान लीजिए कल बैठक होनवाली है हिज़्बुल मुजाहिदीन के आतंकवादियों और सरकार के बीच। हमारे सामने यह बात स्पष्ट थी कि बैठक को हम कवर तो कर लेंगे लेकिन टेप दिल्ली भेजने का हमारे पास कोई साधन नहीं है। क्योंकि श्रीनगर से आखिरी फ़्लाइट में भी टेप भेजने का आखिरी वक़्त 11.30 बजे तक ही था जबकि बैठक दो या तीन बजे दोपहर में शुरू होनी थी। लेकिन इसी के साथ यह बात भी थी कि दिन के वक़्त जब यह बैठक समाप्त हो जाएगी, तो रात में लोग यही देखना चाहेंगे कि आखिर क्या हुआ उस बैठक में। स्पष्ट है, इस खबर से महत्त्वपूर्ण कोई खबर हो नहीं सकती थी क्योंकि कश्मीर के इतिहास में यह दूसरी बार हो रहा था। 1994 में जेकेएलएफ ने भी युद्धविराम किया था। लेकिन तब टी.वी. इस रूप में था ही नहीं। लेकिन 1999 में हिज़्बुल के सीज़फायर के समय टी.वी. चैनल आ चुका था और लोग इसके जरिये सबकुछ जानना चाहते थे।

अब हमने एक दिन पहले ही इस स्टोरी को तैयार करना शुरू किया। सबसे पहले हम उस आदमी के पास गए जो सरकार और आतंकवादियों के बीच मध्यस्थता कर रहा था। हमने उससे बातचीत के नतीजों और उसकी सम्भावनाओं को लेकर बात की। चालाकी उसमें मैंने यही की कि यह नहीं पूछा कि क्या कल बातचीत होनेवाली है। इसी तरह हम लोग फारूक साहब के पास गए, जो स्वायत्तता की बात कर रहे थे। हमने उनसे भी इसकी सम्भावनाओं को लेकर बातचीत की कि सरकार स्वायत्तता के सवाल पर खामोश रहकर

❑ 1982 में दूरदर्शन के रंगीन होने और भारत भर में विस्तार के दौर में दूरदर्शन पर कला फिल्मों के प्रीमियर का दौर शुरू हुआ।

आतंकवादियों से बात क्यों कर रही है। इसके बाद हुर्रियत कान्फ्रेंस के नेताओं के पास गए। कहने का मतलब यह है इससे जुड़े जितने पहलू हो सकते थे पूछ लिए।

उस समय श्रीनगर से दोपहर को फ्लाइट दिल्ली आती थी और सुरक्षा कारणों से उसके लिए टेप 11.30 बजे तक भेज देना पड़ता था। उस रात के आधे घंटे के बुलेटिन के बीस मिनट कश्मीर पर केन्द्रित थे। यह कहीं से नहीं लग रहा था कि इस कार्यक्रम के दौरान जो सारी बातचीत दिखाई जा रही है वह पहले से रेकॉर्ड की हुई है। यह एक रिपोर्टर की कल्पनाशीलता थी जिसने उस घटना को साकार कर दिया था।

वास्तव में चैनल का यही संकट होता है कि आपके पास हर चीज़ है। तो फिर आप आगे की जानकारी किस तरह देंगे। मान लीजिए, कि देश में खेल की सबसे बड़ी संस्था बीसीसीआई की बैठक चल रही है। कमरे के दरवाजे पर आपका रिपोर्टर खड़ा है। मीटिंग में जानेवाले हर आदमी का वह इंटरव्यू कर रहा है। अब आप क्या दिखाएँगे? किस रूप में इस खबर को आगे ले जाएँगे? 24 घंटे के चैनल में लगातार लाइव की स्थिति बनी रहती है और मुझे लगता है कि इसने सचमुच कल्पनाशीलता के स्पेस को कम कर दिया है।

20 मिनट या आधे घंटे के कार्यक्रम 'आजतक' में तो समय-सीमा के कारण शिक्षण भी हो जाता था, प्रशिक्षण भी हो जाता था। लेकिन चैनलों में एक तरह की ट्रेनिंग ही नहीं हुई है कि पहले से चीज़ों को कैसे करें? उदाहरण के लिए, एक दिन मैंने देखा कि एक रिपोर्टर अखबार में छपी किसी खबर का हवाला देने के लिए अखबार दिखा रहा था जबकि बहुत छोटी-सी बात थी कि आप ओ.बी. वैन में उस अखबार में छपी खबर को शूट करके स्टूडियो में भेज सकते हैं। वहाँ से अखबार दिखाने से तो कुछ भी नहीं दिखाई देगा, लेकिन स्टूडियो में अगर उसको पूरे स्क्रीन पर दिखाया जाए, तो

❑ इस दौर में प्रकाश झा की फिल्म 'दामुल' सहित कई राष्ट्रीय पुरस्कार प्राप्त फिल्मों सहित एनएफडीसी द्वारा निर्मित अनेक फिल्मों के प्रीमियर दूरदर्शन के छोटे पर्दे पर ही हुए।

दर्शकों को कुछ समझ में भी आएगा। उनकी दिलचस्पी भी उसमें जागेगी और फिर रिपोर्टर का कमेंट भी देखा गया।

चैनलों के आने से यह तो हुआ ही है कि रिपोर्टर के लिए सम्भावनाओं का विस्तार हुआ है। उसके सामने किसी भी घटना को अनेक पहलुओं से दिखाने के विकल्प खुले हैं। वह उसके विस्तार में जा सकता है। अधिकतम एंगल के अनुसार उसे देख सकता है। लेकिन न्यूज़ चैनल होने के बाद इस बात की लड़ाई भी तेज हुई है कि ज्यादा-से-ज्यादा जानकारी, ज्यादा-से-ज्यादा बड़े कैनवस पर ज्यादा-से-ज्यादा आयामों के साथ आप कितनी जल्दी रख सकते हैं। यानी बैक ग्राउंडर की आपकी तैयारी कितनी तेज है? रिपोर्टरों पर इस बात का दबाव भी बढ़ा है कि कितनी जल्दी वह किसी घटना की पृष्ठभूमि को तैयार कर सकता है।

इसके कारण हर क्षण आपको सोचते रहना पड़ता है। अगर आपने नहीं सोचा तो कोई और सोच लेगा। अगर किसी ने नहीं सोचा तब तो ठीक है। इसमें स्थिति बराबर की बनी रहेगी लेकिन जिसने पहले सोच लिया बढ़त वही ले लेता है। चैनल को लगातार देखे जाने की स्थिति किस प्रकार बन सकती है इस पर एक रिपोर्टर के रूप में भी आपको लगातार काम करते रहना पड़ता है। यह एक ऐसा बदलाव है जो आपमें गति लाता है।

प्रिंट पत्रकारिता के दौर में पत्रकारों को लेकर समाज में कोई अच्छी धारणा नहीं थी। समाज में उसकी कोई खास पहचान भी नहीं होती थी। लेकिन आज संयोग से यह एक बड़ा कैरियर हो गया। इसको समाज में मान्यता मिल गई है। टी.वी. ने पत्रकारों का एक तरह से वर्ग-परिवर्तन भी किया है। प्रिंट की पत्रकारिता के दौर में पत्रकारों को समाज में हीन-भाव से देखा जाता था। नागपुर में जब मैं 'लोकमत समाचार' में पत्रकारिता करता था, तब मैं मारवाड़ियों के साथ अपार्टमेंट 'सेवासदन' में रहता था। गाहे-बगाहे वे मारवाड़ी, जो करोड़पति हुआ करते थे, मुझे मिलते रहते थे। वे पूछते

□ 1982 में दूरदर्शन यानी टी.वी. के विस्तार के दौर में टी.वी. ने दोपहर में भारत की क्षेत्रीय भाषाओं की पुरस्कृत फिल्मों के प्रसारण के साथ दोपहर टी.वी. प्रसारण की बुनियाद रखी।

❑ रविवार दोपहर 'वर्ल्ड ऑफ स्पोर्ट्स' खेल सम्बन्धी पहला प्रायोजित कार्यक्रम था। कह सकते हैं कि खेल चैनलों की बुनियाद यहीं से पड़ी।

थे कि आप क्या करते हैं? जब मैं जवाब देता था कि मैं अखबार में काम करता हूँ तो वे समझ नहीं पाते थे कि यह आखिर किस तरह का काम होता है? वे पूछते थे कि अखबार में आप क्या काम करते हैं—अखबार बेचते हैं, कबाड़ी हैं। आखिर आप हैं क्या? लेकिन आज जब नागपुर के उन्हीं इलाकों में जाता हूँ तो अपनी पहचान नहीं बतानी पड़ती है। उन्हीं लोगों का नजरिया अलग हो जाता है। लेकिन उन्हीं व्यापारियों की मानसिकता या समझ के लिहाज से कोई रिपोर्टर खुद को भी टटोलने लगे तो सब चौपट हो जाएगा। इसीलिए रिपोर्टर को यह भी समझना होगा कि उसका पेशा प्रधानमन्त्री से लेकर मजदूर-किसान तक के बीच शिरकत कर खबर निकालना ही है। लेकिन दूसरे पेशों में गारंटी नहीं कि उसकी जरूरत भी आपको पहचाने। यानी हर का अपना घेरा है। लेकिन रिपोर्टर के घेरे में हर घेरा है।

रिपोर्टर की स्टोरी

रिपोर्टर जब अपनी स्टोरी को लिख रहा होता है तो उसमें जो सबसे महत्त्वपूर्ण बात ध्यान रखने की होती है वह यह है कि उसके पास जो तस्वीरें हैं, उनके जिस ऑडियो को उसने पकड़ा है उसको उसका पूरा पता होना चाहिए और उसकी रिपोर्ट उसी के अनुरूप लिखी होनी चाहिए। तभी उसकी स्टोरी चुस्त लगेगी और दर्शकों को किसी दिशा में ले जा सकेगी।

अब इसको एक घटना के माध्यम से समझने की कोशिश करते हैं। अभी कुछ ही दिनों पहले उमा भारती ने दिल्ली के रामलीला मैदान में रैली की। उस रामलीला मैदान में जहाँ पिछले दिनों कांग्रेस के बड़े नेता भी रैली करने से घबराते रहे हैं। राजनाथ सिंह ने भी सोचा था कि अध्यक्ष बनने के बाद वहाँ रैली करेंगे लेकिन नहीं कर पाए। क्योंकि रामलीला मैदान पूरी तरह से भर जाए इसका सांकेतिक महत्त्व भी है। अब उमा भारती का महत्त्व क्या है? एक तो वे भाजपा से निकाली गईं, उन्होंने उससे विद्रोह किया। भाजपा की पहचान जिस तरह की राजनीति करने की रही है वे उसी की प्रतीक हैं। हिन्दुत्व की राजनीति की बड़ी पहचान हैं उमा भारती। और वह ही पार्टी से अलग हो गई हैं। उमा भारती के प्रसंग में यही बात ध्यान रखने की है।

अब आते हैं रिपोर्टर पर। वह इस रैली की रिपोर्ट करने गया है। मैंने सभी चैनलों पर इस घटना की रिपोर्ट देखी। यह एक ऐसी चीज़ है जिसके जरिए आप पता लगा सकते हैं कि रिपोर्टर को कुछ मालूम है या नहीं, मालूम है तो वह

❑ भारत-विभाजन को आधार बनाकर बनाये गये धारावाहिक 'बुनियाद' के प्रसारण के दौर में दूरदर्शन को लाहौर में लोगों ने डिश-एंटीना लगाकर देखा और विभाजन के उस दर्द को याद किया।

किस तरह से चीज़ों को पकड़ रहा है क्योंकि हर रिपोर्ट की एक समय-सीमा तय होती है। अगर कोई तीन मिनट की स्टोरी बना रहा है और कोई 60 सैकेंड में ही अपनी बात कह रहा है तो उस तीन मिनट की स्टोरी का कोई मतलब नहीं रह जाता है।

'आजतक' की स्टोरी चल रही थी–आज उमा भारती ने रैली की...उन्होंने कहा कि जो लोग यहाँ आए हैं वे बड़े साहसी हैं। मंच पर बहुत-से नेताओं का जमावड़ा था जिसमें मदनलाल खुराना भी थे। वह बहुत सारी चीज़ों को पकड़ना चाह रही थीं कि सबकुछ बीजेपी के भीतर किस तरह से चल रहा है। इसी तरह की सामान्य-सी एक लम्बी स्टोरी थी, जो किसी भी रैली को कवर करते हुए आप लिख सकते हैं। इसको बताने का मेरा तात्पर्य यह नहीं है कि उसने गलत किया। उसने अपनी तरफ से तो ठीक ही किया था। लेकिन इस रैली का मतलब यह नहीं था।

उस रैली का महत्त्व शुरू होता है विज़ुअल और ऑडियो से। अगर आप उमा भारती की बाइट न लगाइए तब भी वह बेहतरीन स्टोनी बन सकती है। आप पीटीसी न करें तो भी वह बेहतरीन स्टोरी बन सकती है। श्यामाप्रसाद मुकर्जी और महात्मा गांधी की तस्वीर मंच पर है। पृष्ठभूमि में बस दो ही तस्वीरें हैं। श्यामाप्रसाद मुकर्जी जिन्होंने जनसंघ की स्थापना की और राष्ट्रपिता महात्मा गांधी जिनके बारे में यह है कि उन्हें गोडसे ने मारा था और इस गोडसे के सम्बन्ध हिन्दूवादी संगठनों से थे। इन दोनों की तस्वीर एकसाथ एक मंच पर–यह अद्‌भुत विज़ुअल है। उमा भारती की बदलती राजनीति का संकेत है। मैंने देखा कि किसी भी चैनल पर इसको इस रूप में नहीं पकड़ा गया।

दूसरी बात, इस रैली के दौरान भाषणों में अम्बेडकर का नाम नहीं लिया गया। दलित नेता मंच पर बैठे हैं और अम्बेडकर का नाम गायब है। भाषण में शायद उमा भारती उनका नाम लेना भूल गईं। रिपोर्टर को इसका ज़िक्र करना

☐ 'बुनियाद' के प्रशंसकों में पाकिस्तान के पूर्व राष्ट्रपति जिया-उल-हक भी थे। उन्होंने भारत-यात्रा के दौरान कहा था कि 'बुनियाद' के प्रसारण के दौर में लाहौर की गलियाँ सूनी हो जाती थीं।

चाहिए। यह एक महत्त्वपूर्ण बात है। उसके बाद भीड़ को दिखाइए। उस भीड़ में बड़ी तादाद में महिलाएँ भरी हैं। झंडे भगवा हैं। साथ ही साधु भी हैं इस रैली में। मंच से आर्थिक सुधार, गरीबी, भूखों को रोटी सबकी बात हो रही थी। कुल मिलाकर यही दृश्य थे जो बड़े साफ नजर आ रहे थे।

अब स्टोरी पर आइए। रामलीला मैदान की भीड़ और उमा भारती की सफलता। गांधी और श्यामाप्रसाद मुकर्जी की तस्वीर के साथ होने को भाजपा का विचारधारा से भटकाव कह सकते हैं या खुद को उदार पेश करने का तरीका। भाषण से यह बहुत साफ था मानो वे अपने आपको टटोल रही हों कि जाना किधर है। इस ऊहापोह को स्टोरी में उभारने की जरूरत थी कि जाना कहाँ है—फिलहाल उमा भारती को इसका पता नहीं है। इसके साथ, बीच-बीच में जो नारे वहाँ लगाए जा रहे थे उन नारों में दो नारे आकर्षक थे। एक नारा था—उमा भारती आगे बढ़ो, हम तुम्हारे साथ हैं। इसके अलावा एक दूसरा नारा भी लग रहा था—अटल-आडवानी होश में आओ। इन नारों को भी बीच-बीच में इंसर्ट कीजिए। साठ सैकेंड की स्टोरी तैयार हो गई और उसमें इस रैली के सारे मैसेज भी आ गए।

इससे जो बात निकलकर आती है वह यह है कि रिपोर्टर का लिखना उस समय शुरू नहीं होना चाहिए जब वह दफ्तर में आकर अपनी स्टोरी तैयार करने बैठे। अगर वह घटनास्थल पर है तो उसको यह महसूस होना चाहिए, उसे यह ऑब्जर्व करना आना चाहिए कि वहाँ क्या कुछ महत्त्वपूर्ण हो रहा है। अगर रिपोर्टर उमा भारती का भाषण सुन रहा है तो उसे इसका पता चल जाना चाहिए कि उमा भारती ने अपने भाषण में अम्बेडकर का नाम नहीं लिया है। अगर रिपोर्टर यह सोचता है कि कैमरामैन विजुअल ले लेगा और वह स्टूडियो में आकर उन विजुअल्स को देखकर स्टोरी तैयार कर लेगा तो यह रिपोर्टर के लिखने का मतलब नहीं होता।

रिपोर्टर की लेखनी घटनास्थल से ही शुरू हो जाती है।

❑ 1982 के बाद अख़बारों, पत्र-पत्रिकाओं में टी.वी. समीक्षा के स्तम्भ आरम्भ हुए। जनसत्ता में नियमित प्रकाशित होनेवाला अज़दक इस तरह का सबसे पुराना स्तम्भ है।

❑ 'जनवाणी' दूरदर्शन पर प्रसारित होनेवाला ऐसा कार्यक्रम था जिसने जनसमस्याओं के निवारण को इस माध्यम से एक सशक्त मंच दिया।

और उसकी लेखनी के बड़े हिस्से ऑडियो हैं। अगर वह घटनास्थल पर है तो उसे नोट करना चाहिए कि क्या कुछ कहा जा रहा है ताकि वह ऑडियो से बाद में अपनी स्टोरी को जोड़ सके। उसकी लेखनी के बड़े हिस्से वे विज़ुअल्स होते हैं। शब्द तो बीच में पुल का काम करते हैं। इस तरह की संलग्नता के साथ ही रिपोर्टर का काम ऐसा हो सकता है जो सचमुच में किसी रिपोर्टर की पहचान बनाते हैं।

जब रिपोर्टर इस तरह से अपनी स्टोरी से नहीं जुड़ा होता है तब उसे किसी स्टोरी को खड़ा करने के लिए डेस्क और स्क्रिप्ट के सीनियर लोगों की मदद लेनी पड़ती है। मुझे लगता है कि रिपोर्टर को इस रूप में विकसित ही नहीं किया जाता है कि वह इस माध्यम के अनुकूल स्टोरी विकसित करे जिसमें ऑडियो और विज़ुअल के द्वारा किसी घटना को बताने की वह कोशिश करे। दृश्य-श्रव्य माध्यम में अगर आप समय को शब्दों से भरने लगते हैं तो कहीं न कहीं वह स्टोरी कमज़ोर हो जाती है।

मान लीजिए कि आप किसी रैली की रिपोर्टिंग कर रहे हैं तो उस रैली की पूरी छटा आपकी स्टोरी में आनी चाहिए। अगर आप उसका रंग नहीं उभार पाते हैं तो प्रिंट की स्टोरी से आप किस तरह अलग साबित हो सकते हैं? मान लीजिए कि आप रिपोर्टर के रूप में व्याख्यानमाला कवर करने गए हैं। आपको कई घंटों की उस व्याख्यानमाला का सार अपनी एक मिनट की स्टोरी में ले आना है, तो उस दौरान आपको चुस्त-चौकस रहने की जरूरत होती है। मर्म को पकड़ने की जरूरत होती है। इसके अलावा कुछ भी कहने की जरूरत नहीं होती है। कोई भी रिपोर्टर जिस बीट को कवर कर रहा होता है अगर उसके ज़ेहन में उस बीट से जुड़ी सारी बातें नहीं रहती हैं तब तक उसकी स्टोरी में उलझाव रहेगा ही। स्टोरी को लिखने की भूमिका पूरी तरह रिपोर्टर की ही होती है, क्योंकि वही घटनास्थल पर जाता है, उसी के दिमाग में सारी बातें होती हैं। स्टोरी उसी के नाम से जाती है। बस

उसे भाषा के लिहाज से डेस्क के लोग कुछ माँज देते हैं। लेकिन वह भी अखबारों की तरह नहीं होता है कि डेस्क के लोग पूरी स्टोरी को ही बदल दें।

उसकी उस रिपोर्ट का हिस्सा कैमरामैन भी है। अगर रिपोर्टर जागरूक है, सजग है तो वह कैमरामैन से कह सकता है कि इस तरह के विजुअल ले, घटना को ऐसे कवर करे। क्योंकि रिपोर्टर अपनी आँखों से देख रहा होता है, लेकिन उसे शूट तो कैमरामैन करता है। अगर उसके दिमाग में सारी घटना स्क्रिप्ट के रूप में चल रही है तो वह बताएगा अपने कैमरामैन से कि किस-किस तरह से वह दृश्यों को अपने कैमरे में कैद करे। लेकिन आमतौर पर रिपोर्टर और कैमरामैन में संवाद का भी अभाव देखा जाता है।

□ बड़े औद्योगिक घरानों के दाँवपेंचों को आधार बनाकर तैयार किया जानेवाला 'खानदान' वह पहला धारावाहिक था जिसे दूरदर्शन ने प्रसारित किया।

पीस टु कैमरा

पीस टु कैमरा किसी रिपोर्टर द्वारा दिया गया एक ऐसा वक्तव्य होता है जो किसी खबर के अन्त में कैमरे के सामने माइक पकड़कर रिपोर्टर द्वारा दिया जाता है। इसमें वह खबर को आगे भी ले जाता है या पहले से चली आ रही खबरों का समापन भी करता है। पीस टु कैमरा में रिपोर्टर अपनी छाप छोड़ता है इसलिए उसी दौरान दो-तीन बातें एकदम साफ होनी चाहिए।

एक तो यह कि उसमें रिपोर्टर को अपनी बात बहुत स्पष्टता के साथ रखनी चाहिए। यानी पीस टु कैमरा में किसी तरह का उलझाव नहीं होना चाहिए। दूसरे, उसे लम्बा नहीं होना चाहिए। आदर्श यही माना जाता है कि रिपोर्टर को पीस टु कैमरा करते हुए 15 से 20 सैकेंड में अपनी बात कह देनी चाहिए। 25-30 सैकेंड तक भी जाया जा सकता है लेकिन आदर्श सीमा 15-20 सैकेंड की ही मानी जाती है। पीस टु कैमरा में इस्तेमाल किए जानेवाले शब्द, वाक्य-रचना इस तरह की होनी चाहिए कि उसमें कुछ भी फालतू न लगे।

लेकिन यह तो हो गई बात पीस टु कैमरा के सामान्य नियमों की। लेकिन चैनल आने के बाद इसमें बदलाव भी आए हैं और आने भी चाहिए। जिस तरह से समाचारों को रचनात्मक बनाए जाने की बात की जाती है उसी तरह से पीस टु कैमरा को भी कभी-कभी रचनात्मक पुट दिए जाने की जरूरत होती है। आजकल पीस टु कैमरा का कई मायनों में लोग उपयोग कर रहे हैं।

जब टी.वी. में सारी लड़ाई वक़्त जीतने की है तो इसमें

❑ सोप-ऑपेरा को ऐसा इसलिए कहा जाता है क्योंकि अमेरिका में इस तरह के धारावाहिक को पहले-पहल एक साबुन बनानेवाली कम्पनी ने प्रायोजित किया था।

वे 15 सैकेंड भी बहुत महत्त्वपूर्ण हो जाते हैं। पीस टु कैमरा में कुछ लोग यह प्रयास कर रहे हैं और ऐसा होना भी चाहिए कि उसे अधिक से अधिक पावरफुल बनाया जाए। यह ठीक उसी तरह से है कि किसी स्टोरी की शुरुआत के लिए आपको बहुत जबरदस्त विज़ुअल चाहिए। ठीक उसी तरह स्टोरी का अन्त भी जोरदार होना चाहिए और ऐसा आप पीस टु कैमरा के जरिए से बना सकते हैं। अब सवाल उठता है कि किस तरह से उसे धारदार बनाया जा सकता है। ऐसा तो हो नहीं सकता कि आप पीस टु कैमरा से कोई धमाका करने जा रहे हों। ऐसा होता तो वह स्टोरी के आरम्भ में ही आ जाता। अगर आप अन्त में कोई महत्त्वपूर्ण बात बताते हैं, किसी महत्त्वपूर्ण बात का खुलासा करते हैं तो इसे स्टोरी के लिहाज से उचित नहीं कहा जा सकता है। स्टोरी के अन्त तक आते-आते जब पीस टु कैमरा की स्थिति आती है तो बहुत सारी चीज़ें उससे जुड़ जाती हैं। आपकी भाषा, जो सहज भाव से कहेंगे वहाँ पर इसके अलावा तीसरी चीज़ विज़ुअल है।

वास्तव में विज़ुअल्स के माध्यम से ही स्टोरी कही जाती है। मान लीजिए कहीं चुनाव हो रहा है। आप छत्तीसगढ़ चुनाव के दौरान वहाँ के पारम्परिक नृत्य-गीतों पर स्टोरी कर रहे हैं या तमिलनाडु में चुनाव हो रहे हैं और आपकी स्टोरी इस बात को लेकर है कि किस तरह चुनाव के मौसम में वहाँ नेताओं के कट आउट वगैरह बनाए जाते हैं। आप चाहे जो भी स्टोरी कर रहे हों, अगर आपके पास उससे जुड़े कुछ विज़ुअल्स हैं तो आपके पीटीसी में भी वह जरूर दिखाई देने चाहिए। यानी कैमरे के मूवमेंट भी पीटीसी को धारदार बनाते हैं।

उदाहरण के लिए पश्चिम बंगाल में जूट उद्योग पूरी तरह समाप्त हो गया। उसकी जगह पर निजी क्षेत्र के बड़े-बड़े उद्योग आ गए हैं। अब आप स्टोरी यह कर रहे हैं कि जो वामपंथी निजीकरण के खिलाफ दिल्ली में सड़कों पर उतरते हैं, आन्दोलन करते हैं, लेकिन उनके अपने गढ़ प. बंगाल में

□ 1995 के बाद दूरदर्शन पर दोपहर का प्रसारण नियमित हो गया। इस दौर में दोपहर में प्रसारित होनेवाले धारावाहिकों 'स्वाभिमान' और 'शान्ति' ने डी.डी. के इस दोपहर संस्करण को नियमित बना दिया।

- दूरदर्शन पर 'गुड मॉर्निंग इंडिया' के प्रसारण के साथ प्रातःकालीन करेंट अफेयर्स शो की बुनियाद पड़ी। यह अमेरिका के एक चैनल के प्रसिद्ध कार्यक्रम 'गुड मॉर्निंग' अमेरिका की तर्ज पर था।

निजीकरण का दौर चल रहा है। आप इसका समापन करते हुए इस स्टोरी के पीटीसी पर जाएँगे। पीटीसी में आपके बैकग्राउंड में अगर कोई इंडस्ट्री है, तो उसके सामने खड़े होकर आप पीटीसी कर सकते हैं। यह जरूरी नहीं है कि आप उसके ठीक सामने ही खड़े हों। लेकिन कैमरे से जूम इन और जूम आउट द्वारा उसे बहुत ही बढ़िया तरीके से दिखाया जा सकता है और इसमें आपका पीटीसी उस विडम्बना को भी अच्छे तरीके से सामने रख सकता है। अब धीरे-धीरे यह समझ विकसित हो रही है कि पीटीसी का यह मतलब नहीं है कि आपने खड़े होकर कुछ कह दिया। उसके अलावा, विज़ुअल्स का महत्त्व बहुत बढ़ गया है।

खड़े होकर पीटीसी आप वहाँ करते हैं जहाँ चीज़ें बहुत केन्द्रित होती हैं। मान लीजिए कि आप बनारस में संकटमोचन मन्दिर में हुए विस्फोट की घटनास्थल से रिपोर्टिंग कर रहे हैं तो आखिर में आप क्या कहेंगे? सब चीज़ें आप दिखा चुके हैं। दिनभर में सबकुछ आप दिखा-बता चुके हैं, तब वहाँ जो आपका पीस टु कैमरा होगा उसमें दिन-भर में आपने जो देखा-समझा उसकी झलक, उसका निचोड़ उसमें आना चाहिए। आप कहेंगे कि बनारस का यह विस्फोट आतंकवादी साजिश का परिणाम हो सकता है। इससे पहले बनारस में कभी कोई आतंकवादी गतिविधि नहीं हुई है। क्या यह मान लिया जाए कि बनारस का समाज दरक रहा है और इसमें आतंकवाद अपनी जगह बना रहा है। चूँकि किसी भी रिपोर्ट में कैमरा कहानी कह रहा होता है। कैमरे में कैद विज़ुअल को एक धागे में पिरोने के लिए लोगों के बाइट बीच-बीच में आते हैं। लेकिन रिपोर्ट के अन्त में रिपोर्टर का कथन इसलिए महत्त्वपूर्ण हो जाता है क्योंकि रिपोर्टर ही आखिरी सच बताता है यानी हर जगह टटोलने के बाद, तकनीक के पूरे इस्तेमाल के बाद रिपोर्टर मानवीय पहलू के जरिए दर्शकों से जुड़ता है। बाकी रिपोर्ट आकर्षक लग सकती है लेकिन रिपोर्टर की पीटीसी उस आकर्षण को मानवीय

विश्वसनीयता का जामा पहनाती है।

पीटीसी में अंत में रिपोर्टर अपना नाम खुद बोलता है और उसके बाद वह समाप्त करता है। इससे पहली बार स्टोरी में रिपोर्टर का अस्तित्व दिखाई देता है और हर रिपोर्टर की यह इच्छा होती है कि वह पीटीसी करे। जैसे अखबार में अगर बाइलाइन न दी जाए तो रिपोर्टर को लगता है कि उसकी स्टोरी में उसकी पहचान नहीं आ पाई। उसी तरह अगर स्टोरी में किसी रिपोर्टर की पीटीसी नहीं जा पाती है तो उसे उसका मलाल होता है।

पीस टु कैमरा की भी एक तैयारी होती है। मान लीजिए कि स्टोरी में विज़ुअल बहुत अच्छे आए उससे स्टोरी तो अच्छी बन जाती है लेकिन पीस टु कैमरा करते हुए रिपोर्टर को भी डल नहीं दिखाई देना चाहिए। उसकी भी एक तैयारी रिपोर्टर अपनी ओर से करता है। उसे ऐसी शर्ट नहीं पहननी चाहिए जो चमकनेवाली हो। कभी भी पेड़ की छाँव में नहीं खड़ा होना चाहिए, क्योंकि अगर धूप आ रही हो और हवा से पत्ते हिल रहे हों तो लगातार आपके चेहरे पर शेड्स आते-जाते रहते हैं। जब भी आप पीस टु कैमरा कर रहे हों तो कभी उसमें कोई ऐसा ऑब्जेक्ट नहीं आना चाहिए, आपके फ्रेम में कोई ऐसी वस्तु नहीं आ जानी चाहिए, जो लगातार हिल रही हो। नहीं तो इससे होता यह है कि लोग लगातार उसी को देखने लगते हैं। मान लीजिए आपके फ्रेम में कोई भैंस या कोई और पशु आ गया हो, जो लगातार अपना मुँह या अपनी पूँछ हिला रहा हो तो दर्शकों को उससे आपको देखने और आपकी बात समझने में मुश्किल आ सकती है और इससे आपका फ्रेम भी भद्दा लगेगा।

अब पीटीसी को लेकर किए जानेवाले कुछ प्रयोगों की बात करें। बात तब की है जब भाजपा के पूर्व अध्यक्ष पाकिस्तान से लौटकर आए थे और जिन्ना को लेकर दिए गए वक्तव्य के कारण आरएसएस से उनका विवाद चल रहा था। उसकी स्टोरी मैंने की थी। झंडेवालान दिल्ली में

□ यह दिलचस्प है कि दूरदर्शन ने जब आरम्भ में प्रायोजित धारावाहिक प्रसारित करने का फैसला लिया था तब उसके पीछे सोच यही थी कि धारावाहिकों के माध्यम से लोगों में जागरूकता का प्रसार हो।

❑ 'हमलोग' धारावाहिक के निर्माण के पीछे योजना यही थी कि लोगों में परिवार नियोजन के आदर्श का प्रचार किया जाए।

आरएसएस मुख्यालय में स्टोरी का पीस टु कैमरा कैसे किया जाए यह समझ में नहीं आ रहा था। मैंने सोचा आज कुछ प्रयोग किया जाए। मैं भाजपा मुख्यालय की ओर चल पड़ा जिसका उस पूरी स्टोरी में कहीं कोई जिक्र नहीं था। स्टोरी तो भाजपा अध्यक्ष के आरएसएस मुख्यालय मत्था टेकने आने को लेकर थी।

भाजपा मुख्यालय के सामने जाकर मैंने इस स्टोरी को समाप्त करते हुए अपने पीस टु कैमरा में कहा कि भाजपा के 25 साल के इतिहास में यह पहला मौका आया है जब भाजपा का मुख्यालय भाजपा अध्यक्ष के घर से ज्यादा दूर हो गया है, बजाय आरएसएस मुख्यालय के। यह पीस टु कैमरा मैंने चलते हुए किया और चलते हुए सड़क पर आ गया। सड़क पर जाने के बाद मैंने कहा कि यह जगह भाजपा अध्यक्ष के घर से भहज तीन किलोमीटर है, जबकि संघ मुख्यालय उनके घर से 8 किलोमीटर दूर है। लेकिन आज भाजपा मुख्यालय आडवाणी के घर से ज्यादा दूर दिखाई दिया। यह पीस टु कैमरा मैंने किया था। इसका स्टोरी से कोई सम्बन्ध नहीं था लेकिन आडवाणी की इस स्टोरी में भाजपा का कहीं जिक्र नहीं आ रहा था। जबकि बिना भाजपा के स्टोरी ठीक उसी तरह पूरी नहीं हो सकती थी जैसे भाजपा के जिक्र बगैर आरएसएस की कोई भी स्टोरी।

रिपोर्टर को यह भी समझना चाहिए कि लगातार आगे बढ़ रही खबर को कवर करते वक़्त कोई आखिरी वक्तव्य कभी नहीं देना चाहिए। पीटीसी अगर खबर को गतिशील बनाती है तो अगले दिन या उससे जुड़ी अगली खबर को भी दर्शक देखना चाहेंगे। रिपोर्टर की गतिशीलता रिपोर्ट को भी जिलाए रखती है और राजनीति को भी मौका देती है कि वह अपनी ग़लती को सुधारे या राजनीतिक सौदेबाजी का खेल जारी रखे।

किसी रिपोर्टर के लिए पीटीसी बड़ा महत्त्वपूर्ण पहलू होता है और उसे अक्सर घटनास्थल से ही करना चाहिए। वैसे लोग

स्टूडियो में भी आकर कर देते हैं। लेकिन जहाँ से आप अपनी रिपोर्ट कर रहे हैं अगर वहाँ से आपने पीटीसी नहीं की है तो आपकी खबर विश्वसनीय नहीं बन पाती है। उसकी जीवन्तता को बनाए रखने के लिए यह काफी महत्त्वपूर्ण हो जाता है कि आप घटनास्थल से पीटीसी करें।

ब्रिज पीटीसी। ब्रिज पीटीसी अक्सर खबर को आगे बढ़ाने के लिए होता है। जिस तरह से फिल्मों में गीत दो लोगों के सम्बन्ध को आगे ले जाने का काम करते हैं या कहानी के दो पहलुओं को जोड़ने का काम करते हैं उसी तरह ब्रिज पीटीसी का होता है। मान लीजिए दो जगहों से खबरें आ रही हैं, बड़े फ्लू की खबर है जो औरंगाबाद में फैल गया है और जलगाँव में भी फैल गया है साथ ही नवापुर में। नवापुर का रिपोर्टर कहेगा कि बड़े फ्लू का प्रकोप बढ़ता जा रहा है और वह जलगाँव तक पहुँच गया है। उसके बाद जलगाँव के रिपोर्टर की रिपोर्ट शुरू हो जाएगी। यह ब्रिज पीटीसी कहलाता है। उसके बाद जलगाँव का रिपोर्टर अपनी रिपोर्ट के बाद जब पीटीसी करेगा तो कहेगा कि नवापुर से फलाँ रिपोर्टर के साथ जलगाँव से मैं फलाँ-फलाँ...। यह दो स्थलों को जोड़ने का काम करता है। जब कोई महत्त्वपूर्ण घटना होती है और कई रिपोर्टर उसको कवर कर रहे होते हैं तब ब्रिज पीटीसी का उपयोग देखने में आता है।

लेकिन किसी अकेले रिपोर्टर की रिपोर्ट में ब्रिज पीटीसी का मतलब है कि जिस खबर को वह बतलाना चाह रहा है उसकी जानकारी उसके पास तो है लेकिन उस खबर से जुड़ा हर शख्स खामोशी बरत रहा है या कुछ भी नहीं कहना चाह रहा है। तो रिपोर्टर की सही विश्वसनीयता कितनी है ऐसी रिपोर्ट के जरिए ही पता चलता है। क्योंकि किसी के बाइट के बदले वह अपनी बात कहता है। कभी-कभी किसी खबर में कोई बात करनेवाला नहीं होता तो रिपोर्टर ब्रिज पीटीसी भी करता है और समापन पीटीसी भी। जैसे रिपोर्टर को खबर मिल गई कि मन्त्रिमंडल में कुछ महत्त्वपूर्ण विभागों का

❑ टेलीविजन के निजी प्रसारकों में स्टार टी.वी. और ज़ी टी.वी. सबसे बड़े प्रसारण समूह हैं जिनके अनेक चैनल्स प्रसारित होते हैं।

फेरबदल होने जा रहा है लेकिन कोई कैमरे पर आकर कुछ नहीं कह रहा है। ऐसे में रिपोर्टर को ही अपनी पीटीसी के अलग-अलग रूप के जरिए समूची रिपोर्ट तैयार करनी पड़ेगी। हकीकत यही है कि हर खबर की नब्ज़ पर रिपोर्टर की उँगली होती है और खबर की धड़कन को स्क्रीन पर बताने-उतारने का काम जितनी ईमानदारी से रिपोर्टर करेगा, वह चैनल की पहचान देगा।

□ स्टार टी.वी. समूह ने जब नब्बे के दशक में भारत में केबल के माध्यम से प्रवेश किया तो उसके सभी चैनल अंग्रेजी भाषा में प्रसारित होते थे।

रिपोर्टर और राजनीति

टी.वी. पत्रकारिता की सारी कवायद या तो राजनीति के इर्द-गिर्द सिमटी होती है या खेल या फिर ग्लैमर के आस-पास। अलग-अलग राजनीतिक दल की बीट अलग-अलग पत्रकार देखते हैं। इससे उनके बीच रिश्ते भी बन जाते हैं। कई बार कोई रिपोर्टर आपको किसी राजनीतिक दल का, किसी नेता का पक्षधर बनता हुआ भी दिखाई देने लगता है।

वास्तव में इस पहलू को विस्तृत आयाम में समझने की ज़रूरत है। टेलीविजन ने नेताओं को बनाया है और उनको ढहाया भी है। इसने अपनी यह भूमिका बना ली है जिसमें अगर यह कुछ चीज़ों को बना सकता है तो बिगाड़ भी सकता है। बरसों पहले प्रवीण तोगड़िया की पहली प्रेस कान्फ्रेंस दरियागंज, दिल्ली, में हुई थी। योजना बनाई जा रही थी कि किस तरह आन्दोलन को आगे बढ़ाया जाए। तब लोग विश्व हिन्दू परिषद के नाम पर अशोक सिंघल को जानते थे, गिरिराज किशोर को जानते थे। उन्होंने उस प्रेस कान्फ्रेंस में अपना परिचय दिया कि मैं विश्व हिन्दू परिषद का अन्तरराष्ट्रीय सचिव हूँ। उन्होंने यह भी कहा कि पेशे से मैं डॉक्टर हूँ। वह उनकी पहली प्रेस कान्फ्रेंस थी। बाद में टी.वी. ने लालू को जिस रूप में रखा, प्रवीण तोगड़िया को भी उसी रूप में रखा। यह भी टी.वी. की एक सच्चाई है।

जब समूचा स्टेट राजनीति के इर्द-गिर्द ही चलता हो तो उसमें टी.वी. पत्रकारिता की मजबूरी हो जाती है कि वह राजनीति दिखाए। अगर कोई नेता कहीं से जीतता है, वह सत्ताधारी दल का हो तो न केवल उसकी जाति के लोग बल्कि

❑ स्टार प्लस ने 90 के दशक के आखिर में अपने हिन्दीकरण की शुरुआत की। इस क्रम में उसने शाम को कुछ घंटे हिन्दी धारावाहिक दिखाने की शुरुआत की।

❑ इसके लिए स्टार टी.वी. ने दूरदर्शन के पूर्व प्रसारित लोकप्रिय धारावाहिकों को फिर से दिखाने का फार्मूला जमाया। कई धारावाहिक स्टार ने पुनर्प्रसारित किए।

उसकी लॉबी के लोग भी केन्द्र में आ जाते हैं। हमारे यहाँ सारे काम उसी राजनीति या उसी नेता के इर्द-गिर्द चलते रहते हैं। नेता को टी.वी. पर दिखाना बहुत बड़ी ज़रूरत हो गई है। इसी कारण उसको कवर करनेवाले रिपोर्टर की भूमिका भी नेता के साथ जुड़ जाती है।

टेलीविजन समाचार का जो सारा ताना-बाना है, इसमें यह बात बड़ी महत्त्वपूर्ण हो जाती है कि आप नेता की बाइट ले आइए, नेता क्या कह रहा है? किस रूप में कह रहा है? उसका आशय क्या है? वह यह सब किस रूप में कह रहा है, उसकी बातों को ले आइए। अब मान लीजिए कि रायबरेली में उपचुनाव होनेवाले हैं। इसकी चर्चा चल रही है कि सोनिया गांधी के खिलाफ जया बच्चन पर्चा भरनेवाली हैं। अब यह बात साफ कैसे हो? इसमें किसी रिपोर्टर के लिए यह बात बहुत महत्त्वपूर्ण हो जाती है कि जया बच्चन की बाइट आपको मिल जाए। ऐसे में जया बच्चन को अगर बाइट देना होगा तो वह किसको बाइट देंगी। जाहिर है जो उनके सबसे करीब होगा या फिर यह कि आडवाणी अगर अध्यक्ष पद छोड़ रहे हैं तो सबसे पहले हमें बता दें।

अखबार में ऐसा नहीं होता। वहाँ अभी बिल्कुल अभी की लड़ाई नहीं होती। वहाँ अगर इस आशय की खबरें छप जाएँ तो ऐसी खबरें भी छप सकती हैं जो इनके विपरीत आशय की हों। अखबार में आपको कुछ भी दिखाना नहीं होता है। वहाँ खबरें अगले दिन के लिए होती हैं। लेकिन टी.वी. में जो भी समाचार होता है वह उसी पल के लिए होता है। आपके चैनल पर अगर कोई बाइट आ गई तो वही आपकी सबसे बड़ी उपलब्धि होती है और उसका न दिखना ही आपकी सबसे बड़ी हार होती है।

इस सारी प्रक्रिया में हुआ यह है कि टी.वी. के रिपोर्टर बाइट के लिए पार्टी नेताओं पर निर्भर होते हैं। इसलिए उनकी नेताओं पर निर्भरता भी बढ़ जाती है। ऐसे में ज्यादातर रिपोर्टर जो टी.वी. के लिए काम कर रहे होते हैं वे उस पार्टी

का प्रोपेगैंडा कर रहे होते हैं, उसके नेताओं का प्रोपेगैंडा कर रहे होते हैं। वे एक तरफ तो नेताओं को आगे बढ़ा रहे होते हैं तो दूसरी ओर अपना काम भी कर रहे होते हैं कि देखिए हम ही ला सकते हैं इस तरह की बाइट। टी.वी. पर नेता का चेहरा दिखाई दे यह बात बहुत महत्त्वपूर्ण हो गई है। उसका चेहरा दिखता रहे यह उसके लिए भी बहुत जरूरी है। इसके लिए वे रिपोर्टर का अपने हित में उपयोग भी करते हैं। इससे दोनों के बीच गठजोड़ की स्थिति पैदा हो जाती है। इससे रिपोर्टर नेताओं के पी.आर. के रूप में काम करते दिखाई देने लगे हैं और इस प्रक्रिया में खबरें डायल्यूट हुई हैं। केवल टी.वी. देखने से वास्तविक खबरों का अन्दाज़ा नहीं लग पाता है।

लेकिन इससे जो सवाल खड़ा होता है वह यह है कि क्या रिपोर्टिंग के लिए टी.वी. में स्पेस बचा है या नहीं। क्या अगर कोई रिपोर्टर चाहे तो इससे अलग तरीके से खबर कर सकता है? इसको लेकर अनेक मत हो सकते हैं। 'आजकल' चैनल आने के आसपास वाले दिनों की बात है। मीटिंग चल रही थी। उसमें सवाल यह उठा कि मान लीजिए बाइट हमारे पास नहीं है लेकिन खबर बड़ी महत्त्वपूर्ण है। ऐसी स्थिति में क्या करना चाहिए? अरुण पुरी ने कहा कि खबर पर अगर रिपोर्टर को भरोसा है और अगर जनता को रिपोर्टर पर भरोसा है, ऐसे में अगर रिपोर्टर बिना किसी बाइट के खबर को बताएगा, तो लोग मान जाएँगे। हालाँकि यह स्थिति किसी भी रिपोर्टर के लिए सुखद है कि देखनेवालों में खबरों को लेकर रिपोर्टर पर इतनी विश्वसनीयता हो जिसमें नेता सामने न रहे। यह सोच है तो सही मगर इसका एक दूसरा पहलू भी है। किसी ब्रेकिंग न्यूज़ तक तो रिपोर्टर की विश्वसनीयता सही है लेकिन उस खबर को आगे ले जाने के लिए रिपोर्टर को इतना अनुभवी होना चाहिए कि राजनेता राजनीति या आम तबका इस खबर को किस तरह लेगा और अलग-अलग राजनीतिक दलों की क्या प्रतिक्रिया होगी, वह न सिर्फ इसका विश्लेषण

□ रमेश सिप्पी निर्देशित और मनोहर श्याम जोशी लिखित 'बुनियाद' का भी पुनर्प्रसारण इसी दौर में स्टार ने किया।

कर सके बल्कि राजनेता राजनीतिक दलों की प्रतिक्रिया कितनी सही है या कितनी गलत या फिर क्या प्रतिक्रिया होनी चाहिए; अगर यह सब रिपोर्टर विश्लेषण कर सकता है तो मान लीजिए कि उसे किसी नेता पर निर्भर होने की जरूरत नहीं है। क्योंकि राजनीतिक दलों को भी एक समझ चाहिए और राजनेता भी रिपोर्टर के अनुभव का लाभ उठाने से नहीं चूकते। अगर रिपोर्टर अनुभवी, समझदार है तो राजनीतिक दलों या नेताओं पर से उसकी निर्भरता कम हो जाती है और दोनों के बीच समझदारीवाले सम्बन्ध बनते हैं।

इसलिए एक टी.वी. रिपोर्टर के लिए यह बड़ा आवश्यक हो जाता है कि समाचार की इस सारी प्रक्रिया में वह किसी का प्रवक्ता बनता हुआ न लगे। अगर लगे तो जनता का प्रवक्ता ही लगे। इसकी चकाचौंध में न खोते हुए वह अगर राजनीति पर कोई टिप्पणी करता है, इस रूप में अपने आपको सामने लाता है तो लोग भी उस रिपोर्टर का विश्वास करते हैं। राजनीति में रिपोर्टर की अपनी पहचान न खो जाए—यह बात महत्त्वपूर्ण है। साथ ही किसी पार्टी का तमगा रिपोर्टर पर न लग जाए यह बात और ज्यादा महत्त्वपूर्ण है।

❑ दूरदर्शन पर प्रसारित किया जानेवाला धारावाहिक 'चन्द्रकांता' देवकी नंदन खत्री द्वारा लिखे गए उपन्यास पर आधारित था।

'अपराध' का रोमांच

न्यूज़ चैनलों में अचानक अपराध से जुड़ी खबरें प्राथमिकता के दायरे में आने लगी हैं। पहले तो न्यूज़ कवर करने के टी.वी. मिज़ाज को समझना होगा। दरअसल तकनीक ने समूचे समाज. में एक ऐसी समझ विकसित की है जो महज विज़ुअल से प्रमाणित नहीं होता। यानी किसी घटना के चित्र अगर आप टी.वी. स्क्रीन पर दिखा देते हैं तो अकेले यह बात अब आकर्षित नहीं करती। वह पहले की बात थी कि आप कोई चलती-फिरती तस्वीर देखें और मचल जाएँ। तकनीक ने हर स्थिति को चलती-फिरती स्थिति में ला दिया है। यहाँ तक कि अपने आपको देखने-समझने के लिए भी अब 'स्टिल' फोटो (स्थिर तस्वीर) मायने नहीं रखती। व्यक्ति खुद को भी ऑडियो-वीडियो में देखने लगा है। इसका मतलब है, कोई व्यक्ति खुद को भी कुछ अलग देखना चाहता है। यानी सिर्फ चलती-बोलती तस्वीरों से काम नहीं चलेगा। दरअसल अपराध की खबरों के प्रति आकर्षण की शुरुआत ही यहीं से होती है। अपराध शब्द किसी खबर के साथ जुड़ते ही किसी के भी दिमाग में एक तरह का ऐसा 'ऐक्शन' रेंगता है जिसकी व्याख्या उसकी अपनी होती है। 'व्याख्या' (इंटरप्रिटेशन) इसलिए, क्योंकि समाज कोई 'अपराध' नहीं है या कहें अपराधी/अपराध सामान्य स्थिति में किसी भी समाज के लिए 'आम शब्द' नहीं है। लेकिन अपराध को लेकर राज्य की पहल खासी ज्यादा है। पुलिस/प्रशासन यहाँ तक कि सरकार में जनता के चुनिन्दा प्रतिनिधि भी 'अपराध' रोकने या न होने देने के लिए काम करते हैं। दरअसल हर व्यक्ति के ज़ेहन

□ किसी भी साहित्यिक कृति को आधार बनाकर तैयार किया गया यह सबसे लोकप्रिय धारावाहिक था। इसके लेखक कमलेश्वर थे और बाद में 'स्टार प्लस' चैनल पर इस धारावाहिक का पुनर्प्रसारण किया गया।

❑ दूरदर्शन ने अनेक फिल्मों का निर्माण भी किया। आजादी के पचास साल के अवसर पर उसने कई निर्देशकों को फिल्म बनाने के लिए अनुबंधित किया।

में किसी अपराध की खबर को सुनते ही उसकी व्याख्या शुरू हो जाती है। यहीं से एंकर और रिपोर्टर दोनों की एक ऐसी पहल शुरू होती है जो किसी भी दूसरी खबर को बताने या कवर करने से भिन्न होती है या यों कहें कि होनी चाहिए। यह अलग ढंग से बताने/कवर करने के तरीके ही एंकर/रिपोर्टर को हिट करते हैं। मसलन कहीं किसी रिहायशी इलाके से हत्या की एक खबर आती है। रिपोर्टर को समझना होगा कि हत्या के जिन आरोपियों को सजा हो पाती है उनकी संख्या हमारे देश में एक फीसदी से भी कम है। हत्या को लेकर पुलिस जिस तरह तफ़शीश करती है, बतौर सबूत अदालत में जो साक्ष्य पेश करती है, अक्सर वही सब जाँच के दौरान अदालत में खारिज होते चले जाते हैं। रिपोर्टर को अपनी रिपोर्ट उन तथ्यों पर केन्द्रित करनी चाहिए, जिनके सहारे वह पुलिस की जाँच पर भी सवाल खड़ा करे। इतना ही नहीं कभी-कभी रिपोर्टर को पुलिस की भूमिका को भी रिपोर्ट के दायरे में लाना चाहिए क्योंकि हकीकत यही है कि अगर पुलिस न चाहे तो अपराध हो ही नहीं सकते। इसी वजह से रिपोर्टर को कैमरापर्सन से संवाद जरूर बनाना चाहिए, जिससे कैमरे में वे तथ्य जरूर कैद हों जिनके सहारे रिपोर्टर अपनी बात कह सके। अब सवाल है अपराध की खबरों को परोसते वक़्त अक्सर लिखे हुए शब्दों से कहीं ज्यादा महत्त्वपूर्ण विज़ुअल को किस तरह संपादित किया जाए, यह बात महत्त्वपूर्ण है। इतना ही नहीं किसी भी सामान्य स्टोरी से हटकर अपराध की खबरों को कड़ी-दर-कड़ी आगे बढ़ाने का काम रिपोर्टर ही करता है। इसीलिए कभी-कभार रिपोर्टर को अपनी रिपोर्ट आगे बढ़ाने के लिए सामने आना पड़ता है। मसलन घटनास्थल से पुलिस स्टेशन या फिर घटना के पीछे सबूत टटोलते तथ्य कभी दूसरी जगह भी चले जाते हैं तो ऐसे में 'ट्रांजीशन' के लिए रिपोर्टर को ही सामने आना पड़ता है यानी ब्रिज पीटीसी। अपराध से जुड़ी खबरों की सबसे बड़ी विशेषता यही है कि उनकी भाषा मायने नहीं

रखती, यानी खबर स्वयं हर भाषा के व्यक्ति को रोमांचित करती है। यही वजह है कि अपराध से जुड़े एक नहीं, कई-कई प्रोग्राम एक ही न्यूज़ चैनल पर चलते हैं और हर प्रोग्राम में उसका ट्रीटमेंट भिन्न होता है। मसलन हर रोज होनेवाली अपराध की खबरें, किसी खबर के आपराधिक पहलुओं की जाँच करती रिपोर्ताज इत्यादि।

फिर अपराध को समझने और समझाने के तरीके भी अलग-अलग हैं। मसलन अपराध आतंक भी पैदा करता है और खौफ भी। अपराध के पीछे आर्थिक वजहें भी होती हैं और समाज में अपना अस्तित्व बरकरार रखने की इच्छा भी। रंजिश की वजह पारिवारिक रिश्ते भी हो सकते हैं और मित्र-बंधु का दायरा भी। फिर अपराध किस तरीके से किया गया है वह भी रिपोर्ट का महत्त्वपूर्ण हिस्सा होता है। कभी-कभी तो अपराध के तरीके पर ही प्रोग्राम किया जाता है। जैसे जेसिका लाल हत्याकांड में जो गोली चली वह आखिर तक नहीं मिली। इस गोली के खोल की जाँच प्रयोगशाला में की गई तो वह कोई दूसरी गोली निकली। कई चैनल्स ने बाकायदा 'गोली' को केन्द्र में रखकर प्रोग्राम किए। ऐसे प्रोग्राम में घटनास्थल के विज़ुअल से कहीं ज्यादा महत्त्वपूर्ण गोली (बुलेट) की जानकारी है।

मगर अपराध की रिपोर्ट या उससे जुड़े कार्यक्रम में रिपोर्टर को उन सामाजिक स्थितियों की जानकारी का होना भी महत्त्वपूर्ण है जो अपराध की मानसिकता को आगे बढ़ाती हैं। जैसे कहीं कोई लड़की इसलिए आत्महत्या कर लेती है कि उसके पास जीने के कोई साधन नहीं हैं, तो कहीं कोई लड़की इसलिए आत्महत्या करती है क्योंकि वह स्वावलम्बी तो है लेकिन उसके समाज का दायरा उसे अकेला होने की मान्यता नहीं देता। तो रिपोर्टर को इतना कुछ समझना-विश्लेषित करना आना ही चाहिए। दरअसल अपराध की खबर कभी खत्म न होनेवाला सिलसिला भी है—ठीक वैसे ही जैसे जाँच प्रक्रिया चलती है। तो रिपोर्टर को कभी भी अपराध

□ दूरदर्शन पर आरम्भिक दौर में 'बातों-बातों में' कार्यक्रम का प्रसारण किया। मशहूर हस्तियों से अनौपचारिक बातचीत का यह शुरुआती कार्यक्रम था।

की खबर का अन्त 'पोएटिक जस्टिस' की तर्ज पर नहीं करना चाहिए। रिपोर्ट के अन्त में सवाल छूटेंगे ही और रिपोर्ट की शुरुआत कुछ सवालों के समाधान टटोलते हुए ही होगी। हालाँकि अपराध से जुड़ी खबरों का ट्रीटमेंट फिलहाल काफी सतही नजर आता है, मगर इन खबरों को देखनेवाले लोगों की संख्या में जितना इज़ाफा हुआ है (टी.आर.पी. के आधार पर) उसमें यह तय है कि भविष्य में अपराध specialised beat हो जाएगा।

ज़ाहिर है, न्यूज़ चैनल्स अब अपराध की खबरों का बढ़ता कैनवस भी समझने लगे हैं। ऐसी खबरें नई सोच के साथ टी.वी. स्क्रीन पर दिखाई जाने लगी हैं जो खासी पुरानी घटना से जुड़ी हैं—मसलन, 'अंडरवर्ल्ड' से जुड़ी खबरें। हाल में अंडरवर्ल्ड, तिस पर दाउद इब्राहिम को लेकर हर चैनल पर खूब खबरें आईं। दाऊद की 'डी कंपनी' को अमेरिका आतंकवादियों की सूची में रखे, इंटरपोल रेडकॉर्नर नोटिस जारी करे, भारत सरकार पाकिस्तान के आतंकवादियों की सूची में दाऊद को रखे, मुख्य आरोपी दाऊद को लेकर मुम्बई ब्लास्ट पर बनी फिल्म 'ब्लैक फ्राइडे' पर बैन लग जाए, यहाँ तक कि दाऊद की बेटी-बेटे की शादी ही क्यों न हो—सब खबरें हैं, चैनल की चहेती खबरें। दरअसल 'अंडरवर्ल्ड' अपराध की ऐसी खबर है जो न सिर्फ सामाजिक-आर्थिक स्थितियों को उधेड़कर रख देती है, बल्कि जिन हाथों में सत्ता है उनके इर्द-गिर्द खबरों का ताना-बाना भी बुनती है। अब सवाल यह है दाऊद को महज अंडरवर्ल्ड डॉन कहकर खबर देने भर से काम नहीं चलेगा। डॉन का मतलब क्या है, वह किस तरह 'पावर' के करीब रहता है, इसे भी समझना-समझाना होगा। बॉलीवुड की पहचान एक ऐसे ग्लैमर से है जिसके भीतर कोई आम शख्स झाँक नहीं पाता—चाहते हुए भी। यानी अंडरवर्ल्ड की धमक से अगर बॉलीवुड घबराता है, थर्राता है, तो खबर बताते वक़्त ग्लैमर को भी रखना होगा और अंडरवर्ल्ड की काली दुनिया को भी। टी.वी. स्क्रीन पर

□ 1984 के आम चुनावों के विश्लेषण कार्यक्रम से अंग्रेजी में प्रणय रॉय और हिन्दी में विनोद दुआ की पहचान करेंट अफेयर्स के कार्यक्रम के प्रस्तुतकर्ता के रूप में कायम हुई।

जैसे ही ऐसी खबरों के जरिये समाज के स्याह-सफेद का विरोधाभास उभरेगा—हिट होगा। कुछ ऐसे ही सवाल अपराध की खबर को बतानेवाले एंकर को भी समझने पड़ते हैं। एंकर को दर्शकों की उस मानसिकता के भीतर घुसना ही होगा जहाँ वह अपराध की खबरों के रोमांच को महसूस करना चाह रहा है। एंकर उस खबर को इंट्रोड्यूस करते वक़्त दर्शकों को उसी सिरे पर लाकर छोड़े जहाँ से दर्शक की नज़र चैनल-स्क्रीन पर ही टिकी रहे। उसकी उँगलियाँ रिमोट पर न थिरकें।

□ बाद में दूरदर्शन पर 'वर्ल्ड दिस वीक' और 'परख' के प्रसारण आरम्भ हुए जिनके प्रस्तुतकर्ता क्रमशः प्रणय रॉय और विनोद दुआ थे।

❑ दूरदर्शन पर प्रणय रॉय और विनोद दुआ जैसे प्रसारकों के आने से दर्शकों में पहली बार समाचारवाचकों से अलग एंकर की पहचान कायम हुई।

'ब्रेकिंग न्यूज़' में रिपोर्टर

रिपोर्टर के लिए जो सबसे सुखद क्षण होता है, वही क्षण सबसे मुश्किल भी होता है। ब्रेकिंग न्यूज़ के साथ रिपोर्टर की मौजूदगी। हकीकत यही है कि कोई भी रिपोर्टर ब्रेकिंग न्यूज़ का इंतज़ार अपने पूरे कैरियर में करता है। अखबार की पत्रकारिता के दौर में ब्रेकिंग न्यूज़ का मतलब सिर्फ और सिर्फ उस रिपोर्टर के पास ही खबर का होना होता था। सुबह के अखबार में जब वह खबर पन्ने में सबसे ऊपर बैनर लीड बनकर छपती तो रिपोर्टर की बाँछें खिल जातीं। क्योंकि उस खबर (ब्रेकिंग न्यूज़) के छपने के बाद हर अखबार उस खबर का फालो-अप भर ही कर सकता है। लेकिन ब्रेकिंग न्यूज़ की शुरुआती उम्र उन दिनों एक दिन की होती थी और फिर उस खबर के तार/आयाम खोलने की पहल में जितने दिन वह खबर सुर्खियों में रहती, उतने दिन उस रिपोर्टर को वाहवाही मिलती, उसकी पहचान बनी रहती। लेकिन विज़ुअल/इलेक्ट्रॉनिक या कहें टी.वी. न्यूज़ चैनल का किस्सा-तराना अलग किस्म का है। न्यूज़ चैनल में ब्रेकिंग न्यूज़ कई स्तर पर होता है। कहीं किसी घटना का होना, किसी इमारत का गिरना और उसमें दर्जनों लोगों का फँसा होना, कहीं आग लग जाना, रेलगाड़ी का पटरी से उतरना, ट्रेनों की टक्कर हो जाना, यानी ऐसी कोई भी घटना जो सामान्य से हटकर है वह ब्रेकिंग न्यूज़ कुछ देर के लिए है। यानी इस ब्रेकिंग न्यूज़ की उम्र कुछ मिनटों से लेकर कुछ घंटों तक रहती है। सबसे पहले तो रिपोर्टर को ऐसी खबरों से खेलना आना चाहिए। कोई अखबार का रिपोर्टर होगा तो वह समझ जाएगा। अगले

दिन अखबार के किसी कोने में यह खबर छपी होगी। अगर बड़ी घटना होगी तो पहले पन्ने पर खबर कई तरह की जानकारियों के साथ छपेगी। लेकिन टी.वी. की भाषा-समझ अलग है। जिस क्षण एक घटना होती है उसी समय न्यूज़ चैनल को घटना के हर आयाम से जुड़ी जानकारी चाहिए। रिपोर्टर को दोहरे स्तर पर जानकारी देनी पड़ती है। सबसे पहले तो घटना की जानकारी मिलते ही फोन से घटना के बारे में 'लाइव चैट' करना पड़ता है। 'लाइव चैट' यानी एंकर घटना से जुड़े जो भी सवाल पूछ रहा है या फिर रिपोर्टर को घटना के बारे में जितनी भी जानकारी है उसे बताना। हो सकता है रिपोर्टर घटनास्थल की तरफ जा रहा हो और उसी वक़्त उसे 'फोन-इन' से जानकारी भी देनी है। लेकिन रिपोर्टर वही उम्दा है जो 'फोन-इन' में भी शब्दों से घटना का समूचा खाका खींच दे। मसलन मेरठ के मेले में लगी आग की जानकारी मिलते ही रिपोर्टर को मेले का समूचा खाका फोन पर देना ही होगा। हादसा बड़ा हो सकता है, यह आशंका ज़ाहिर करते हुए उसे बताना होगा कि मेले का आकार-प्रकार कैसा है, कितने बड़े ग्राउंड में मेला लगा है, अगर आग लगी है तो लोगों के बाहर निकलने की स्थिति क्या है, मेला स्थल से फायर टेंडर कितनी दूर है, उसे पहुँचने में कितना वक़्त लग सकता है, मेला किन वस्तुओं का लगा है, मेले का ढाँचा किन चीज़ों से तैयार किया गया है, वहाँ कितनी तादाद में लोग हर रोज़ मेला देखने पहुँचते हैं, जिस वक़्त आग लगी उस वक़्त लोगों की संख्या, क्या मेला रिहायशी इलाके में है, इत्यादि। यानी जितनी ज्यादा जानकारी रिपोर्टर के पास होगी, चैनल के लिए उतना ही अच्छा है, क्योंकि इस खबर को ब्रेक ही रिपोर्टर कर रहा है। अभी तक किसी न्यूज़ चैनल के पास विज़ुअल नहीं है, तो रिपोर्टर के शब्द ही सूचना और तस्वीर दोनों की भूमिका में है। चूँकि इस तरह की खबर तत्काल आई है तो कैमरा टीम के पहले ही रिपोर्टर को अपनी रिपोर्ट में यथासंभव अधिकाधिक जानकारी देनी होगी। क्योंकि

□ 'वर्ल्ड दिस वीक' और 'परख' जैसे कार्यक्रमों से पहली बार टी.वी. के परदे पर माइक पकड़े रिपोर्टर की स्थायी छवि बनने लगी।

❑ 'रामायण' के प्रसारण के दौर में टी.वी. ने ग्रामीण इलाकों में सर्वाधिक पैठ बनाई। उस दौर में भारत की सीमा से सटे नेपाल के शहरों में भी घर-घर एंटीना लगाकर 'रामायण' देखा जाता था।

कैमरा सिर्फ आग और आग ही देख रहा है, तो यह रिपोर्टर की समझ होगी कि वह आग के उन महीन तत्त्वों को पकड़े जो आग बुझते ही सामने आएँगे। क्योंकि फोन पर रिपोर्टर महज जानकारी के आधार पर खाका खींच रहा था, लेकिन कैमरे के साथ घटना-स्थल पर रिपोर्टर की मौजूदगी के बाद जनता आशंका के आधार पर नहीं बल्कि पुख्ता जानकारी चाहेगी। ब्रेकिंग न्यूज़ की एक दूसरी स्थिति विस्फोट की होती है। विस्फोट कहाँ, किन स्थितियों में हुआ है। अगर विस्फोट आतंकवाद से जुड़ा है तो कई और आयाम उससे जुड़ते जाएँगे। रिपोर्टर के पास इस तरह की घटनाओं को समझने का ज्यादा वक़्त नहीं रहता। जानकारी मिलते ही टी.वी. पर ब्रेकिंग न्यूज़ की स्थिति आती है और टी.वी. देख रहे दर्शकों को उस वक़्त अधूरी नहीं पूरी खुराक चाहिए। अगर रिपोर्टर सिर्फ सूचना/जानकारी भर दे पाए और कुछ न कहे तो हो सकता है कोई दूसरा न्यूज़ चैनल उस खबर को उठा ले और उसका रिपोर्टर खबर का विश्लेषण शुरू कर दे, तो दर्शक तो हाथ में रिमोट थामे बैठा है, तुरन्त चैनल बदल लेगा। इसलिए रिपोर्टर के लिए ब्रेकिंग न्यूज़ का मतलब महज जानकारी देना भर नहीं होता, बल्कि विश्लेषण करना भी उसी का हिस्सा है। ब्रेकिंग न्यूज़ के वक़्त विश्लेषण कितना महत्त्वपूर्ण है इसका दूसरा उदाहरण है किसी ऐसे शख़्स का कुछ ऐसा कह देना जो हड़कंप मचा दे। याद कीजिए मुकेश अंबानी ने 'सीएनबीसी' की रिपोर्टर के सवाल पर महज एक लाइन कही थी—हाँ, परिवार में बँटवारे की बात हो रही है।' उसके बाद कई दिनों तक अंबानी परिवार में सम्पत्ति को लेकर अनिल-मुकेश के बीच खिंची लकीर को तमाम न्यूज़ चैनल और गाढ़ा करते रहे थे। लेकिन जिस शाम मुकेश अंबानी ने यह बाइट रिपोर्टर को दी उस शाम से रात तक और अगले दिन सुबह तक रिपोर्टर/एंकर के बीच विश्लेषण का दौर चलता रहा। मुझे एक खुद से जुड़ी एक घटना भी याद आ रही है : 2004 में वाजपेयी सरकार की हार के बाद मुम्बई

में भाजपा राष्ट्रीय कार्यसमिति की बैठक के दौरान मुम्बई में ही एक अलग कार्यक्रम में वाजपेयी भाषण देते-देते कह गए : ''लोग कहते हैं : अगली बारी अटलबिहारी। मैं कहता हूँ : अब नको बारी'' इस बयान की लाइन महज़ इतनी थी कि लोग कहते हैं अगली बार अटलबिहारी जीतेंगे, लेकिन अब मैं और नहीं। बयान में संन्यास का भाव भी छिपा था और निराशा का भी। लेकिन यह बात वह शख़्स कह रहा था जो दो महीने पहले तक देश का सबसे लोकप्रिय नेता/प्रधानमंत्री था। वाजपेयी का भाषण खत्म होते ही मैंने इस खबर के सिरे को पकड़ा और वाजपेयी के राजनीतिक कैरियर के उतार-चढ़ाव से लेकर गुजरात की घटना और संघ परिवार की समूची विचारधारा का निचोड़ स्क्रीन पर रख दिया। विश्लेषण का असर कई स्तरों पर हुआ। जहाँ देखने वालों को तत्काल वैचारिक तौर पर संतुष्टि मिली वहीं संघ परिवार को भी समझ में आया कि वाजपेयी पर हिन्दुत्व की जड़ों पर लौटने का दबाव कहाँ तक सही है। लेकिन इसका एक बड़ा असर मैंने अगले दिन तब महसूस किया, जब मुझे तत्कालीन बीजेपी अध्यक्ष वैंकय्या नायडू ने यह मैसेज़ भिजवाया कि बतौर अध्यक्ष उन्हें वाजपेयी के इस कथन को आखिर किस तरह व्याख्यायित करना चाहिए। मेरा जवाब भी वही था जो मैंने वाजपेयी के बयान के तत्काल बाद कहा था : ''रास्ता भी बीजेपी के लिए वाजपेयी ही निकालेंगे, क्योंकि वाजपेयी जानते हैं, संघ परिवार क्रांतिकारी संगठन नहीं है।''

लेकिन ब्रेकिंग न्यूज़ की एक स्थिति वाकई अखबार की तर्ज पर ही टीवी रिपोर्टर के लिए भी आती है। टी.वी. में भी कोई अगर रिपोर्टर किसी खास रिपोर्ट को लेकर आता है जो खबरों की दुनिया में हड़कंप मचा सकती है, तो फिर रिपोर्टर को पूरी तैयारी के साथ ही स्क्रीन पर आना चाहिए। अक्सर ऐसी रिपोर्ट के साथ टीमवर्क जुड़ता है। टीमवर्क इसलिए क्योंकि रिपोर्ट को किस तरह दिखाना है, फुटेज़ क्या है। ग्रैफिक्स कहाँ-कहाँ से कैसे आएँगे। अगर रिपोर्ट का पैकेज़

□ सीमावर्ती शहरों में उस दौर में दूरदर्शन का 'रामायण' नेपाल में देखा जाता था और नेपाल से तस्करी के माध्यम से पोर्टेबल और रंगीन टी.वी. भारतीय घरों में आता था।

तैयार है तो क्या उसे दूसरे आयामों को छूती खबरों के साथ रखा जाए। रिपोर्टर स्टूडियो में बैठकर अपनी रिपोर्ट का विश्लेषण करे या किसी प्रतिकारात्मक स्थान पर मौजूद रहे और वहीं से एंकर के सवालों का जवाब दे। फिर रिपोर्ट दिखने के तत्काल बाद अगर खबर से जुड़े नेता/सरकार से प्रतिक्रिया चाहिए तो उनको पहले से यह जानकारी देनी होगी कि फलाँ एक्सक्लूज़िव रिपोर्ट हम इतने बजे दिखानेवाले हैं। आप देखें और प्रतिक्रिया दें। अगर प्रतिक्रिया लाइव (यानी सीधे तुरन्त बतानी है) लेनी है तो ओबी वैन उनके घर-कार्यालय भेजनी होगी। यानी ऐसी एक ब्रेकिंग न्यूज़ के दौरान पूरी मशक्कत हो जाती है। उदाहरण के तौर पर तहलका या आपरेशन दुर्योधन को याद किया जा सकता है। लेकिन मुझे लगता है इस तरह की ब्रेकिंग न्यूज़ की समूची तैयारी 'तेलगी कांड' के भंडाभोड़ के साथ भी याद की जा सकती है। 'तेलगी कांड' का भंडाफोड़ एनडीटीवी इंडिया ने किया था। इस चैनल के रिपोर्टर मुम्बई के संजय सिंह इस खबर को लेकर आए थे। चूँकि मैं खुद इस चैनल की टीम का अहम हिस्सा था तो हमने फैसला किया था कि तेलगी कांड की खबर हम चैनल लांच करनेवाले दिन दिखाएँगे। 14 अप्रैल 2003 को शाम 5 बजे दिबांग एंकरिंग करने पहुँचे। चैनल की शुरुआत इसी ब्रेकिंग न्यूज़ के साथ हुई। हमारी तैयारी पूरी थी और शाम 5 बजे से लेकर रात 11 बजे तक चैनल इसी खबर को बताता-दिखाता रहा। मुम्बई-दिल्ली से लगातार प्रतिक्रिया ली जाती रही, बीच-बीच में इसी खबर को लेकर बेंगलूर-हैदराबाद भी गए और मुम्बई से रिपोर्टर संजय सिंह भी खबर की अहमियत, कैसे यह रिपोर्ट हाथ लगी, सबकुछ बताते रहे। ब्रेकिंग न्यूज़ लाने का मतलब है—रिपोर्ट को पहचान मिलना। यकीनन, यह कहा जा सकता है कि उस वक़्त के 'एनडीटीवी इंडिया' के रिपोर्टर संजय सिंह की पहचान आज भी तेलगी कांड का खुलासा ही है। टी.वी. न्यूज़ चैनल में रिपोर्टर की ब्रेकिंग न्यूज़ के जरिए पहचान ज्यादा पुख्ता तभी हो पाती है,

❑ सीएनबीसी ने आर्थिक मामलों का 24×7 शुरू कर आर्थिक चैनलों का रास्ता खोला। आज एनडीटीवी प्रॉफिट, ज़ी बिजनेस सहित ऐसे अनेक चैनल बाजार में हैं जो व्यावसायिक कार्यक्रमों का प्रसारण करते हैं।